Partner-Horoskope für Anfänger

Strukturen, Methoden und Möglichkeiten

Kontakt: www.HarryEilenstein.de
Harry.Eilenstein@web.de
Harry Eilenstein bei youtube

Herstellung und Verlag: BoD – Books on Demand, Norderstedt

ISBN: 9783756851799

Inhaltsverzeichnis

I Was kann ein Partnerhoroskop bewirken?

Ein Partnerhoroskop ist ein Vielzweck-Mittel, wenn man das Verhältnis zwischen zwei Menschen, Wesen oder Dingen, deren Horoskop bekannt ist, besser verstehen will. Ein Partnerhoroskop ist genauso wie das Horoskop eines einzelnen Menschen zunächst einmal ein Erkenntnis-Hilfsmittel.

I 1. Wo gibt es Partnerhoroskope?

Die beiden Partner bei einem Partnerhoroskop können ein Ehepaar, Mutter und Tochter, zwei Freunde, die beiden Inhaber einer GbR, eine Arbeits-Partnerschaft oder irgendwelche anderen zwei Personen sein.

Man kann solche Partnerhoroskope natürlich für Herrchen und Hund oder für die Gründungshoroskope zweier Länder berechnen. Hier kann jeder kreativ werden, sofern er neugierig auf das Verhältnis zwischen zwei Geschöpfen oder Institutionen mit einem bekannten Geburtsdatum bzw. Gründungsdatum ist.

I 2. Was sagt ein Partnerhorokop aus?

Ein Partnerhoroskop beschreibt den Stil einer Begegnung, aber nicht das Niveau dieser Begegnung – das Niveau hängt von dem freien Willen derjenigen ab, die sich begegnen.

So wie das Horoskop eines einzelnen Menschen gewissermaßen die Tonart dieses Menschen beschreibt, so beschreibt ein Partnerhoroskop den Akkord, der sich aus dem Zusammenklang der beiden Horoskope ergibt – sozusagen die „Farbe" dieser speziellen Begegnung.

I 3. Wer fragt nach einem Partnerhoroskop?

Es gibt einige Voraussetzungen dafür, daß es dazu kommt, daß ein Astrologe nach einem Partnerhoroskop gefragt wird.

Die erste Voraussetzung ist, daß es genügend Zeit dafür gibt, daß z.B. zwei Menschen ein Problem erkennen, sich für ein Partnerhoroskop als Hilfsmittel entschließen, einen Astrologen aufsuchen, ihn um einen Termin bitten und dann auch noch zu diesem Termin erscheinen. Zudem sollte der Deutung eines Partnerhoroskops stets die Deutung der Geburtshroskope der beiden Beteiligten vorausgehen, da die Ratsuchenden sonst das Partnerhoroskop nur schwer verstehen und einordnen können. Diese zeitliche Voraussetzung ist bei akuten Krisen offenbar nur schwer zu erfüllen, weshalb Partnerhoroskope für akute Krisen fast immer ungeeignet sind.

Die zweite Voraussetzung ist, daß den beiden Beteiligten das Problem als solches bewußt ist, daß sie unter ihm leiden und daß sie es ändern wollen. Das ist bei langfristigen, chronischen Problemen oftmals nicht der Fall: „Die Lage ist halt so, wie sie ist, und man kann sie eh nicht ändern …"

Die dritte Voraussetzung ist, daß tatsächlich beide Beteiligten unter der Situation leiden und nicht nur einer der beiden, da sonst nur der eine der beiden das Partnerhoroskop gedeutet haben will. In der Regel geht die Initiative für das Berechnen eines Partnerhoroskops daher von den „leisen" Menschen, d.h. von den Asketen, Opfern und Fans aus und nicht von den „lauten" Menschen, d.h. von den Süchtigen, den Tätern und den Stars.

Es gibt natürlich auch den Fall des Wunsches nach einem „nachträglichen Verstehen", bei dem eine Person z.B. das Partnerhoroskop zwischen sich selber und ihrer bereits verstorbenen Mutter gedeutet haben möchte.

Der häufigste Fall bei den Anfragen nach Partnerhoroskopen sind das Paar, das in eine Beziehungskrise geraten ist, dem die Beziehung jedoch wichtig ist und das daher schauen will, was eigentlich los ist, und was sie evtl. anders machen könnten.

II   Was wird bei einem Partnerhoroskop betrachtet?

Für ein Partnerhoroskop gelten dieselben Regeln wie für das Deuten eines Geburtshoroskops – nur daß bei einem Partnerhoroskop zwei Personen beteiligt sind.

II 1.   Der Vergleich der beiden Einzelhoroskope

Ein allererster Eindruck kann dadurch gewonnen werden, daß man schaut, ob z.B.
beide Krebs sind oder beide einen Waage-Aszendenten haben.

Einen Schritt konkreter wird es, wenn man schaut, ob z.B. beide ihren Jupiter im
Wassermann stehen haben oder andere Planeten in den beiden Horoskopen in demselben Tierkreiszeichen oder astrologischen Haus stehen. Weiterhin kann man schauen,
ob die beiden gleiche Aspekte wie z.B. eine Mars/Venus-Konjunktion oder ein
Neptun/Merkur-Sextil haben.

In allen diesen Fällen liegt eine Ähnlichkeit in der Weltsicht und im Verhalten vor.
Das sagt jedoch noch nichts darüber aus, wie gut sich die beiden Personen in diesen
Bereichen ergänzen und zusammenarbeiten können.

II 2.   Die Aspekte zwischen den beiden Einzelhoroskopen

Bei einem Geburtshoroskop werden die Planeten in den Tierkreis und in die astrologischen Häuser eingetragen und dann anschließend nach den Winkeln zwischen den
Planeten („Aspekte") geschaut.

Bei einem Partnerhoroskop werden die Planeten des einen an dem Innenrand des
Tierkreises eingezeichnet und die Planeten des anderen an den Außenrand desselben
Tierkreises. Der Tierkreis ist also das gemeinsame Bezugssystem. Anschließend
werden die Aspekte von den Planeten des einen zu den Planeten des anderen einge-
tragen. Hier sind natürlich auch andere graphische Lösungen möglich – da sollte der
Astrologe die Methode wählen, die für ihn am übersichtlichsten ist.

Während man bei einem Geburtshoroskop die Aspekte betrachtet, die eine maxima-
le Ungenauigkeit von 5° haben, benutzt man bei den Partnerhoroksopen eine maxi-
male Ungenauigkeit von 3°. Der beiden Gründe dafür sind recht einfach:

> - Zum einen sind Aspekte erst ab einer maximalen Ungenauigkeit von 3°
> deutlich spürbar.

- Zum anderen werden bei einem Geburtshoroskop die Aspekte zwischen den 10 Planeten in diesem Horoskop verglichen, während bei einem Partnerhoroskop die Aspekte zwischen den 10 Planeten des einen mit den 10 Planeten des anderen verglichen werden. Bei einem Geburtshoroskop ergeben sich daher maximal 45 Aspekte, bei einem Partnerhoroskop 100 Aspekte. Im Durchschnitt hat man in einem Geburtshoroskop bei einer maximalen Ungenauigkeit von 5° 15 Aspekte und bei einem Partnerhoroskop bei einer maximalen Ungenauigkeit von 3° im Durchschnitt 20 Aspekte. Bei einer Ungenauigkeit von 5° ergeben sich in einem Partnerhoroskop daher im Durchschnitt 33 Aspekte – was die Deutung ziemlich unübersichtlich machen würde.

II 3. Konjunktionen gleicher Planeten

Konjunktionen gleicher Planeten bilden oft den Einstieg in die Beziehung, wenn diese Konjunktionen weniger als ca. 1,5° ungenau sind. Die Planeten in solchen Konjunktionen finden sofort Kontakt zu demselben Planeten bei dem anderen. Wenn z.B. Person A seinen Merkur bei 16° Zwillinge stehen hat und Person B seinen Merkur bei 17° Zwillinge, werden sie mit großer Sicherheit sofort, wenn sie sich begegnen, miteinander zu reden beginnen. Es ist auch anzunehmen, daß Denken, Reden und Schreiben – also die Merkur-Tätigkeiten – auch weiterhin der Haupt-„Draht" sein werden, den die beiden Personen zueinander haben.

Die Konjunktionen gleicher Planeten sind sozusagen die „Einstiegsdroge" zu dieser Beziehung.

Dabei ist zu berücksichtigen, daß sich Pluto, Neptun, Uranus und Saturn so langsam bewegen, daß sozusagen immer ein ganzer Jahrgang diese drei Planeten an derselben Stelle stehen hat – diese drei Konjunktionen sind also nichts Außergewöhnliches.

II 4. Andere sehr genaue Aspekte

Im Geburtshoroskop haben Aspekte, die sehr genau sind, die größte Wirkung – dies sind generell die Aspekte, die weniger als 1° Abweichung haben, also z.B. ein Sonne/ Mars-Trigon von 120,5°, d.h. mit einer Abweichung von nur 0,5° von den präzisen 120° des Trigons. In der älteren, nicht-dezimalen Schreibweise wären dies 120° 30' Abweichung (1° = 60').

Aspekte im Geburtshoroskop, die eine Abweichung von unter 0,2° bzw. von unter 10' haben, sind in dem betreffenden Geburtshoroskop das zentrale Lebensthema.

Natürlich hat nicht jeder Mensch einen solchen sehr genauen Aspekt in seinem Geburtshoroskop und somit auch kein so klar umrissenes zentrales Lebensthema.

Wenn in einem Partnerhoroskop Aspekte auftreten, die weniger als 0,5° bzw. weniger als 30' Abweichung haben, sind auch diese Themen sehr wichtig.

Die Aspekte, die in einem Partnerhoroskop unter 0,2° bzw. unter 10' Abweichung haben, sind die zentralen „Beziehungsthemen".

Solche genauen Aspekte kommen in Partnerhoroskopen zwar oft, aber nicht immer vor.

II 5.   Die sehr genauen Konjunktionen

Sehr genaue Konjunktionen zwischen gleichen Planeten verbinden die Direktheit dieses Aspektes mit der Intensität der sehr genauen Aspekte. Daher prägen sie – wenn sie vorhanden sind – die Beziehung am stärksten.

II 6.   Die Aspekt-Übersicht

Ein Horoskop mit ca. 15 Aspekten (maximal 5° Abweichung) zu deuten, erfordert schon einige Übersicht, aber ein Partnerhoroskop mit ca. 20 Aspekten (maximal 3° Abweichung) oder gar ca. 33 Aspekten (maximal 5° Abweichung) zu deuten, ist schon sehr anspruchsvoll.

In einem Geburtshoroskop wird der Astrologe daher schauen, welche Aspekte wie z.B. eine Opposition mithilfe eines Trigons und eines Sextils zu einem dritten Planeten eine Aspektgruppe bilden. Zudem wird er die Aspekte markieren, die besonders genau und daher besonders wirksam und prägend sind.

Dasselbe ist auch bei einem Partnerhoroskop sinnvoll. Dieses Vorgehen wird jedoch durch die doppelt so große Anzahl der beteiligten Planeten (2·10=20) erschwert.

Daher ist es bei dem Erstellen eines Partnerhoroskopes für den Astrologen hilfreich, wenn er sich eine Übersicht über die Aspekte erstellt, in der auch die Genauigkeit des Aspektes, also ihre Abweichung von z.B. den 120° eines Trigons verzeichnet ist.

Eine solche Übersicht sollte natürlich so angelegt werden, daß sie für den Astrologen möglich leicht erfaßbar ist. Auf der nächsten Seite findet sich die Übersicht, die ich selber für Partnerhoroskope verwende.

Diese Übersicht wird im Folgenden noch näher erläutert.

Horoskop-Vergleich: A – B

Name:	A	Datum XX.YY.ZZ	Uhrzeit XX.ZZ	Ort XXXX
Name:	B	Datum XX.YY.ZZ	Uhrzeit XX.ZZ	Ort XXXX

Planet	A	Vergleich A-B	B	Planet
Mond	29°47' (Steinbock)	**I** Aspekte	17°34' (Stier)	Mond
Merkur	24°29' (Krebs)	Neptun – Neptun: Konjunktion 0° 6'	23°53' (Krebs)	Merkur
Venus	25°54' (Löwe)	Mond – Mars: Quadrat 0° 12' Jupiter – Merkur: Quincunx 0° 13'	28°23' (Zwillinge)	Venus
Sonne	13°38' (Löwe	Merkur – Merkur: Konjuktion 0° 36' Mond – Sonne: Quincunx 0° 46'	29°01' (Zwillinge)	Sonne
Mars	2°36' (Zwillinge)	Mond – Jupiter: Halbsextil 1° 6'	29°59' (Widder)	Mars
Jupiter	24°06' (Schütze)	Pluto – Pluto: Konjunktion 1° 12' Mars – Pluto: Quadrat 1° 18' Mond – Venus: Quincunx 1° 24'	28°41' (Schütze)	Jupiter
Saturn	13°05' (Steinbock)	Pluto – Neptun: Sextil 1° 27'	16°20' (Steinbock)	Saturn
Uranus	20°54' (Löwe)	Venus – Merkur: Halbsextil 2° 1' Venus – Venus: Sextil 2° 29'	18°18' (Löwe)	Uranus
Neptun	6°27' (Skorpion)	Uranus – Uranus: Konjunktion 2° 36 Mars – Mars: Sextil 2° 37' Venus – Jupiter: Trigon 2° 55'	6°33' (Skorpion)	Neptun
Pluto	5°06' (Jungfrau)	Uranus – Merkur: Halbsextil 2° 59'	3°54' (Jungfrau)	Pluto
Aszendent: Löwe		Venus – Sonne: Sextil 3° 7' Uranus – Mond: Quadrat 3° 20' Neptun – Pluto: Sextil 3° 41'	Aszendent: Jungfrau	
1. Haus: Sonne, Uranus			1. Haus: -	
nur Kooperation: Pluto (3/0) Neptun (2/0) Merkur (1/0)		**II** Aspekte zwischen gleichen Planeten: Merkur – Merkur: Konjunktion 0° 36' Venus – Venus: Sextil 2° 29' Mars – Mars: Sextil 2° 37'	nur Kooperation: Neptun (2/0) Uranus (1/0)	
		dazu die Generations-Aspekte: Neptun – Neptun: Konjunktion 0° 6' Pluto – Pluto: Konjunktion 1° 12' Uranus – Uranus: Konjunktion 2° 36'	nur Unterscheidung: Mond (0/1)	
nur Unterscheidung: Mond (0/4) Jupiter (0/1)			beides: Pluto (2/1) Venus (1/1) Sonne (1/1) Mars (1/1) Jupiter (1/1) Merkur (1/3)	
beides: Venus (3/1) Mars (1/1) Uranus (1/2)		**III** Planeten ohne Aspekte zum anderen Sonne A, Saturn A, Saturn B beide haben keine Saturn-Kontakte		
kein Kontakt: Sonne (0/0) Saturn (0/0)			kein Kontakt: Saturn (0/0)	

11

In dieser Übersicht finden sich die folgenden Angaben:

1. Oben stehen die Namen und Daten der beiden Personen.

2. Links stehen die Planetenstände von Person A.

3. Rechts stehen die Planetenstände von Person B.

4. In der Mitte oben („I Aspekte") steht eine Übersicht über die Aspekte zwischen den beiden Horoskopen, die nach ihrer Genauigkeit geordnet sind – also am Anfang die genauen Aspekte mit einer Abweichung von 0°, dann die Aspekte mit einer Abweichung von 1°, dann die mit 2° und dann die mit 3° Abweichung.

Diese Aspekte kann man recht einfach ermitteln, indem man mit dem Mond von Person A beginnt und ihn nacheinander mit den 10 Planeten von Person B vergleicht; dann den Merkur von A nimmt und ihn mit den 10 Planeten von B vergleicht; usw.

Diese Aspekte werden dann anschließend ihrer Genauigkeit nach geordnet.

In dieser Liste steht der Planet von A stets links und der von B rechts: „Mond-Mars-Quadrat" bedeutet also „Der Mond von A hat ein Quadrat zu dem Mars von B." Das macht die Orientierung einfacher. Man kann, wenn man will, dafür auch „Mond$_A$-Mars$_B$-Quadrat" schreiben. Wie man diese Liste anfertigt ist letztlich egal – sie sollte dem Astrologen lediglich so gut wie möglich den Überblick erleichtern.

5. In der Mitte der mittleren Spalte („II Aspekte zwischen gleichen Planeten") sind noch einmal die Aspekte aufgeführt, die zwei gleiche Planeten verbinden, also z.B. die Merkur/Merkur-Konjunktion oder das Venus/Venus/Sextil. Hier wird zwischen den Aspekten der „schnellen Planeten" (Mond bis Saturn) und den „Generations-Aspekten" der „langsamen Planeten" (Uranus, Neptun und Pluto) unterschieden.

Diese Aspekte sind bei der späteren Deutung wichtig.

6. In der Mitte unten („Planeten ohne Aspekte zum anderen") stehen die Planeten, die keinen einzigen Aspekt zu den Planeten des anderen haben. In dem Fall dieses Horoskops sind dies die Sonne und der Saturn von A und auffälligerweise auch der Saturn von B.

7. Links unter der Planetenliste von A stehen die Planeten von A, die zu B nur „kooperative Aspekte" haben, also Konjunktion, Sextil, Trigon und Opposition.

Darunter stehen die Planeten von A, die nur „trennende Aspekte" zu den Planeten von B haben, also Halbsextil, Quadrat und Quincunx.

Darunter finden sich die Planeten von A, die beide Arten von Aspekten zu den Planeten von B haben.

Darunter finden sich wiederum die Planeten von A, die keine Aspekte zu den Planeten von B haben.

In Klammern steht hinter dem Planeten jeweils, wieviele solche Aspekte der Planet hat. „1/2" bedeutet z.B. „1 kooperativer Aspekt und 2 trennende Aspekte". „0/0" ist ein Planet ohne Aspekte zu dem anderen.

8. Rechts steht dasselbe für die Planeten von B.

Diese beiden Übersichten für A und B, also Punkt 7. und 8., ermöglichen einen guten ersten Überblick über die Situation zwischen A und B – wo sie auf eine einfach Weise miteinander kooperieren können (nur Kooperations-Aspekte) und wo sie sich gegenseitig eher im Weg stehen (nur trennende Aspekte).

Diese Angaben werden im Folgenden bei der konkreten Deutung des Partnerhoroskops allesamt benötigt.

Man kann mit dieser Übersicht beginnen, Partnerhoroskope zu deuten, aber man sollte dieses Formular natürlich im Laufe der Zeit den eigenen Erkennntissen und Bedürfnisse entsprechend abändern und weiterentwickeln.

Diese Übersicht macht die graphische Darstellung des Partnerhoroskops, also den Tierkreis mit den Planeten von A und B sowie den eingezeichneten Aspekten zwischen den Planeten von A und B natürlich keineswegs überflüssig, da eine solche Tierkreis-Graphik wesentlich genauer ist.

Weiterhin hat es sich als hilfreich erwiesen, stets alle drei Horoskope – also auch die Geburtshoroskope der beiden Ratsuchenden – vor sich auf dem Tisch liegen zu haben. Eine möglich Anordnung auf bzw. an einem Tisch ist die im Folgenden dargestellte Form:

Anordnung der Personen und der Horoskope bei der Deutung				
Person A	Geburts-horoskop A	Partner-horoskop	Geburts-horoskop B	*Person B*
		Übersicht		
	Astrologe			

Natürlich muß man nicht in dieser Weise am Tisch sitzen und in dieser Weise die drei Horoskop und die Übersicht auf den Tisch legen, aber diese schlichte Maßnahme kann bei dem schon von Natur aus unübersichtlichen Thema den drei beteiligten Personen ein wenig helfen, den Überblick zu behalten.

II 7.   Die Neigungen zu bestimmten astrologischen Konstellationen

Wenn der Astrologe eine der beiden Personen, die ihn um eine Beratung bitten, schon öfters beraten hat, kann er dieser Person vor dem Deuten des Partnerhoroskops auch dadurch helfen, daß er die allgemeinen Beziehungs-Neigungen dieser Person untersucht und ihr erläutert. Dies geht auf recht einfache Weise vor sich:

- Der Ratsuchende (oder in seinem Auftrag der Astrologe) trägt in das Horoskop des Ratsuchenden die Position der Sonne aller Beziehungs-Partner, Freunde und Verwandten, Arbeitskollgen, Feinde usw. des Ratsuchenden in dessen Geburtshoroskop ein. Das ist recht einfach, da man aus dem Geburtstag eines Menschen sofort die Sonnen-Position in dem Horoskop des Betreffenden ableiten kann.

Die Sonnen der Personen aus dem Umkreis des Ratsuchenden werden nicht gleichmäßig auf den Tierkreis verteilt sein, sondern sich an bestimmten Stellen auf markante Weise zusammendrängen. Diese Stellen werden recht sicher Konkunktionen, Sextile, Trigone oder andere Aspekte zu einem der Planeten des Ratsuchenden bilden.

Diese von dem Ratsuchenden offensichtlich bevorzugten Aspekte zu der Sonne von anderen Personen zeigen deutlich an, wonach der Ratsuchende in seinen Begegnungen sucht und worauf er offensichtlich bei anderen anspricht.

Diese Betrachtung bezieht sich auf die Sonne der anderen, also auf deren Selbstbild, deren Selbstwertgefühl, deren Willen usw.

Wenn z.B. ein großer Teil der Sonnen der Menschen aus dem Umfeld des Ratsuchenden bei dessen Pluto stehen, suchen die Menschen aus dem Umfeld des Ratsuchenden offenbar Halt für ihr Selbstwertgefühl (Sonne) bei den Grundüberzeugungen des Ratsuchenden (Pluto) – diese Position nimmt der Ratsuchende offenbar gerne ein.

Wenn sie hingegen vor allem ein Sextil zu dem Mond des Ratuchenden haben, suchen sie eher die Gemeinschaft (Sextil) mit ihm, in der sie sich (Sonne) gesehen und geborgen fühlen (Mond) – und der Ratsuchende hat offenbar selber das Bedürfnis, ihnen diese Geborgenheit zu geben.

- Dasselbe kann man auch für die anderen Planeten durchführen, wobei man dazu allerdings die Horoskope der betreffenden Personen braucht. Man wird daher deutlich weniger Informationen zur Verfügung haben wie für den Sonnen-Stand in den Horoskopen der Personen in dem Umfeld des Ratsuchenden.

Man sollte zunächst einmal eine solche Übersicht für alle bekannten Mond-Stellungen in eine zweite Horoskop-Kopie des Ratsuchenden eintragen, dann die Merkur-Stellungen in eine dritte Horoskop-Kopie usw. Das zeigt dann die Vorlieben des Ratsuchenden in Bezug auf Nähe (Mond), auf Denken (Merkur) usw.

- Schließlich kann man auch einmal alle Planeten in eine weitere Horoskop-Kopie eintragen. Bei der Deutung der Ansammlungen von Planeten an bestimmten Stellen des Horoskops sollte man jedoch bedenken, daß Saturn, Uranus, Neptun und Pluto bei allen ungefähr Gleichaltrigen an derselben Stelle stehen.
Diese Übersicht zeigt auf eine sehr allgemeine Weise an, wo die Vorlieben und Neigungen des Ratsuchenden liegen.

Mithilfe dieser Methode kann man zwischen der Deutung des Geburtshoroskopes der beiden Ratsuchenden und der Deutung des Partnerhoroskop auch noch die Deutung dieses allgemeinen „Neigungs-Horoskop" eines oder beider Ratsuchenden einfügen. Dieses „Neigungs-Horoskop", das sozusagen eine „Partnerhoroskop-Statistik" ist, zeigt oft schon deutlich, was der Betreffende in seinen Begegnungen mit anderen Menschen sucht.

II 8. Die verschiedenen astrologischen Elemente

Die Deutung der konkreten Aspekte in einem Partnerhoroskop ist dieselbe wie in einem Geburtshoroskop. Diese Aspekte sowie die Planeten, die Tierkreiszeichen und die astrologischen Häuser habe ich bereits in „Astrologie für Anfänger" beschrieben. Sie werden hier daher nur kurz dargestellt, um später dann verdeutlichen zu können, wie die Deutung eines Aspektes in einem Geburtshoroskop für die Deutung in einem Partnerhoroskop abgewandelt werden muß.

II 8. a) Der Aufbau eines Horoskops

Aszendent:	Bühnenbild
Planeten:	Schauspieler
Tierkreiszeichen:	Rolle der Schauspieler
astrologische Häuser:	Ort auf der Bühne (Lebensbereich) der Schauspieler
Aspekte:	Drehbuch
freier Wille:	Regisseur
Seele:	Drehbuchautor

II 8. b)   Die Qualität der Tierkreiszeichen

Widder: spontaner, tatkräftiger Aktivist
Stier: sammelnder, abgrenzender Genießer
Zwillinge: unternehmungslustiger, ausprobierender Neugieriger
Krebs: familiärer, empfindsamer Behütender
Löwe: ichzentrierter, eigenständiger König
Jungfrau: sorgfältiger, detailzentrierter Handwerker
Waage: harmoniesuchender, verbindender Künstler
Skorpion: intensitätssuchender, einsgerichteter Provokateur
Schütze: tatkräftiger, zielorientierter Idealist
Steinbock: sachlicher, autoritätsorientierter Beständiger
Wassermann: vielwissender, utopieorientierter Professor
Fische: sensitiver, menschenfreundlicher Träumer

II 8. c)   Die Qualität der astrologischen Häuser

1. Haus: Hier und Jetzt, ständig aktiv
2. Haus: Küche, Körper, Ernährung, Gesundheit, Kleidung, Wohnung, Geld
3. Haus: Neugier, Bekanntschaften, Kontakte
4. Haus: Familie, Heimat, Geborgenheit, Unterbewußtsein
5. Haus: Selbstdarstellung, Thronsaal, Eigenständigkeit
6. Haus: Handwerk, Reparatur, Heilung, Therapie
7. Haus: Wohnzimmer, Beziehungen, Gespräche, Begegnung
8. Haus: Schlachtfeld, Polizei, Militär, Bordell, Yogazentrum, Kirche
9. Haus: Bahnhof, Flughafen, Aussichtsturm, Ideale, Ziele, Projekte
10. Haus: Öffentlichkeit, Ämter, Gesetze, Regeln, Verträge
11. Haus: Vereinslokal, Gleichgesinnte, Allgemeingültiges
12. Haus: Marktplatz, Krankenhaus, Kirmes, Straße, Natur, Allgemeines

II 8. d)   Die Qualität der Planeten

Mond: Nähe, Kontakt, Geborgenheit, Unterbewußtsein, Träume, Erinnerung
Merkur: Denken, Sprechen, Schreiben, Analyse, Schlußfolgerung, Logik
Venus: Fühlen, Schönheitssinn, Zuneigung, Abneigung, Sympathie, Antipathie
Sonne: Ich, Wille, Selbstwertgefühl, Selbstbewußtsein, Eigenständigkeit

Mars: Kraft, Tatkraft, Sexualität, Tanz, Wut, Lachen, Weinen, Sport, Arbeit
Jupiter: Organisation, Ziele, Projekte, Kooperation, Synthese, Aufbau, Koordination
Saturn: Festigkeit, Beständigkeit, Prüfung, Halt, Sicherheit, Kontrolle, Bewachen
Uranus: Neues, Erfindung, Unbekanntes, Plötzliches, Veränderung, Sprung
Neptun: Grenzauflösung, Kunst, Religion, Magie, Ökologie, Sozialengagement
Pluto: Einsgerichtetheit, Existentielles, Grundlegendes, Verwandlung, Intensität

II 8. e)   Die Qualität der Aspekte

Konjunktion (0°): Ehe, Verschmelzung, ständige Koppelung, Zusammenwirken
Halbsextil (30°): Begegnung, Weiterentwicklung, Aufbruch, Übertragung
Sextil (60°): Gruppenbildung, Kontakte, Interessensgemeinschaft, Unterstützung
Quadrat (90°): Zeltstange, Trennung, Unterscheidung, Stabilität, Grenze
Trigon (120°): Freundschaft, Gemeinsamkeit, Hilfe, Rückhalt, Verständnis
Quincunx (150°): Aufräumen, Spannen, Reparieren, Heilen, Kritik, Prüfen, Pflege
Opposition (180°): Schaukel, Gegensatz-Ergänzung, Polarität, Schwingen

II 8. f)   Die Aspekte im Geburtshoroskop

Die Aspekte in einem Geburtshoroskop beschreiben das Verhältnis zwischen zwei Planeten in dem Geburtshoroskop des Betreffenden, d.h. das Verhältnis zwischen zwei Fähigkeiten dieses Menschen.
Das Folgende sind einige Beispiele hierfür:

- Merkur/Jupiter-Konjunktion: Das Denken (Merkur) bewegt sich stets (Konjunktion) in großen Zusammenhängen (Jupiter).

- Venus/Merkur-Halbsextil: Das Gefühl (Venus) wird nach einer Weile stets in Worte und Konzepte (Merkur) verwandelt (Halbsextil).

- Saturn/Uranus-Sextil: Das Neuentdeckte (Uranus) wird stets mit dem bereits Bekannten (Saturn) in Verbindung gebracht (Sextil).

- Mars/Mond-Quadrat: Die Tat und die Sexualität (Mars) wird stets von der Nähe (Mond) getrennt und als zweierlei, das nicht zusammengehört, erlebt (Quadrat).

- Mars/Saturn-<u>Trigon</u>: Die Kraft (Mars) erhält (Trigon) Beständigkeit und wird dadurch ausdauernd (Saturn).

- Mond/Pluto-<u>Quincunx</u>: Die Nähe (Mond) muß immer wieder aufs Neue (Quincunx) mit den Grundüberzeugungen (Pluto) in Einklang gebracht werden.

- Sonne/Neptun-<u>Opposition</u>: Es besteht ein ständiger, rhythmischer Wechsel (Opposition) zwischen Ich (Sonne) und Mystik, Kunst, Sozialengagement, Ökologie und Religion (Neptun).

II 8. g)   Die Aspekte im „Neigungs-Horoskop"

Die Aspekte in dem „Neigungs-Horoskop" machen die Haupt-Lebensthemen des Betreffenden sichtbar. Die Aspekte in diesem „Neigungs-Horoskop" führen von den Planeten in dem Geburtshoroskop des Betreffenden zu den Ansammlungen von Planeten der Menschen aus seinem Umfeld.

Eine solche Ansammlung von „Umfeld-Planeten" kann natürlich zu mehreren Planeten in dem Horoskop des Betreffenden einen Aspekt haben. Wenn sich z.B. auf dem Geburtshoroskop-Mars eine Ansammlung von „Umfeld-Planeten" befindet und der Betreffende ein Mars/Saturn-Trigon hat, hat diese Ansammlung auch ein Trigon zu dem Geburtshoroskop-Saturn. Da die Konjunktion jedoch der stärkere Aspekt ist, sollte man vor allem diese Konjunktion beachten.

Man kann für die Aspekte ungefähr sagen, welcher Aspekt der Stärkere ist. Diese „Stärke-Verhältnisse" sind:

- Konjunktion > Opposition > Trigon > Sextil
- Quadrat > Quincunx > Halbsextil

Das Folgende sind wieder einige Beispiele hierfür:

- Die Sonne steht in <u>Konjunktion</u> mit „Umfeld-Planeten", die hauptsächlich Sonnen sind: Der Betreffende sucht nach anderen Individualisten und tut sich mit ihnen zusammen, um gemeinsam die jeweilige Individualität zu leben und zu fördern.

- Der Mond steht im <u>Halbsextil</u> zu einer Ansammlung von „Umfeld-Planeten", in der vor allem Jupitere und Saturne stehen: Der Betreffende sucht Rückhalt (Saturn) und Hilfe bei seiner eigenen Lebensorganisation (Jupiter), mit der er möglicherweise selber nicht so einfach zurechtkommt (Mond).

18

- Die Venus steht im <u>Sextil</u> zu einer Ansammlung von „Umfeld-Planeten", in denen vor allem Saturne und Neptune stehen: Der Betreffende sucht Halt (Saturn) und Verständis (Neptun) für seine Gefühle (Venus).

- Der Mars steht im <u>Quadrat</u> zu einer Ansammlung von „Umfeld-Planeten", in denen vor allem Saturne stehen: Der Betreffende braucht für sein Handeln (Mars) den Rückhalt (Saturn) bei anderen, aber fühlt sich gleichzeitig auch immer wieder von ihnen in seiner Handlungsfreiheit (Mars) eingeschränkt (Saturn).

- Der Merkur steht im <u>Trigon</u> zu einer hauptsächlich aus Merkuren bestehenden Ansammlung von „Umfeld-Planeten": Der Betreffende sucht das Gespräch und das intellektuelle Verständnis (eigener Merkur) sowie vielleicht auch Lebensproblem-Lösungen und Weisheit bei anderen Menschen (Merkur der anderen).

- Der Mars steht im <u>Quincunx</u> zu einer Ansammlung von „Umfeld-Planeten", in der vor allem Monde stehen: Der Betreffende will trotz seines eigenständigen Handelns (Mars) Teil einer Gemeinschaft sein (Mond), doch er muß den Kontakt (Mond) immer wieder aufs Neue herstellen und harmonisieren (Quincunx).

- Der Jupiter steht in <u>Opposition</u> zu einer gemischten Ansammlung von „Umfeld-Planeten": Der Betreffende erlebt die eigenen Ziele und Ideale (Jupiter) als notwendigen Gegensatz und als notwendige Ergänzung (Opposition) zu dem „Mainstream".

Diese Betrachtungen würden noch präziser werden, wenn man die Tierkreiszeichen und die astrologischen Häuser miteinbezieht, in der die Geburtshoroskop-Planeten und die Ansammlungen von „Umfeld-Planeten" stehen.

II 8. h) Die Aspekte im Partnerhoroskop

Bei einem Partnerhoroskop betrachtet man die Aspekte zwischen den Planeten in dem einen Geburtshoroskop und den Planeten in dem anderen Geburtshoroskop. Dadurch erfährt man etwas über das Verhältnis zwischen den beiden betreffenden Menschen – genauer gesagt über die Beziehungsstruktur zwischen den beiden.
Die sieben Aspekte haben zwischen den zwei Planeten aus verschiedenen Horoskopen, also im Partnerhoroskop, dieselben Eigenschaften wie zwischen zwei Planeten

in einem einzelnen Horosokop, also in einem Geburtshorskop. Natürlich klingt das bei der Deutung in einem Partnerhoroskop dann trotzdem ein wenig anders als in einem Geburtshoroskop.

Diese Zusammenhänge lassen sich wieder am einfachsten durch einige Beipiele erläutern:

Konjunktion

- Bei einer Konjunktion des Merkurs von A mit dem Jupiter von B wirken beide stets zusammen und ergänzen sich gegenseitig:

> - Die Gedanken von A (Merkur) werden durch das Organisationstalent von B (Jupiter) in größere Zusammenhänge gestellt, was die Gedanken zum einen klarer macht und zum anderen auch deren Nützlichkeit deutlich herausarbeitet.

> - Das Organisationstalent von B (Jupiter) wird durch die Gedanken von A (Merkur) angeregt.

> - Das kann dazu führen, daß A und B mühelos und effektiv zusammenarbeiten (Konjunktion), wenn es darum geht, ein sinnvolles Projekt zu entwickeln.

Halbsextil

Bei einem Halbsextil des Merkurs von A und des Uranus von B gibt es ständig neue Impulse und Entwicklungen:

> - Die logischen Gedanken von A (Merkur) gehen immer wieder in die plötzlichen Ideen von B (Uranus) über, der dadurch immer wieder einmal den Horizont von A erweitert – allerdings ohne daß die Ideen von B dabei schon logisch bewiesen worden wären.

> - Die Ideen von B (Uranus) haben immer wieder einmal das Glück, durch das Denken von A (Merkur) von Intuitionen zu logischen Schlußfolgerungen geerdet zu werden und dadurch allgemein nachvollziehbar zu werden.

> - Das kann dazu führen, daß beide durch die wechselseitige Anregung zur Weiterentwicklung (Halbsextil) eine reicheres Repertoire an Gedanken, Strukturen und Erkenntnissen haben, als das jeweils alleine möglich wäre.

Sextil

Bei einem Sextil zwischen der Venus von A und dem Neptun von B regen sich beide gegenseitig an:

  - Die Gefühle von A (Venus) regen die Phantasie, das Mitgefühl, die Kunst, die Ökologie und die Religiösität von B (Neptun) an. Die Gefühle von A werden also durch B in einen größeren, umfassenderen Rahmen gestellt.

  - Die Phantasie von B (Neptun) regt die Gefühle von A (Venus) an. A entdeckt durch B immer wieder neue Bereiche, in der die Gefühle von A erwachen können.

  - Das führt zu einer gegenseitigen emotionalen Anregung, Weitung und Intensivierung (Sextil) der Gefühle von A und B.

Quadrat

Bei einem Quadrat des Mondes von A zu dem Mars von B haben beide eine spezielle Aufgabe:

  - A wird sich in seinen Gefühlen, seiner Empfindsamkeit und seinen Grenzen (Mond) oft von den Taten, der Sexualität und der Impulsivität (Mars) von B verletzt fühlen (Quadrat), weil B aus der Sicht von A keine Rücksicht auf A nimmt.

  - B wird sich hingegen in seinen Taten (Mars) durch die ständigen „komischen Stimmungen" und „unpassenden Befindlichkeiten" von A in seinem Selbstausdruck gestört fühlen.

  - Das kann dazu führen, daß sich A von B mißbraucht fühlt und B sich von A durch dessen ständiges Nähebedürfnis behindert fühlt (Quadrat). Hier kann nur eine große innere Selbständigkeit und Unabhängigkeit von dem jeweils anderen (Quadrat) zu Frieden führen.

Trigon

Bei einem Trigon der Sonne von A zu dem Saturn von B wird A stabiler und B lebendiger:

  - Das Selbstwertgefühl von A (Sonne) erhält einen festen Rückhalt durch die Lebenserfahrung und das Weltbild von B (Saturn).

  - Die Lebenserfahrung von B (Saturn) verwandelt sich durch die Lebendigkeit von A (Sonne) von einer Grenze des Machbaren zu einem stabilen Fundament des Erwünschten.

- Das kann dazu führen, daß beide gemeinsam (Trigon) zu einer schrittweise aufgebauten und stabilen Selbstverwirklichung gelangen.

Quincunx

Bei einem Quincunx zwischen dem Mond von A und dem Saturn von B gibt es ein ständiges Streben nach Leichtigkeit und Beweglichkeit:
- Die Stimmungen von A (Mond) erhalten durch die Lebenserfahrung von B (Saturn) ständig zum einen ein förderndes Fundament und zum anderen aber auch einen begrenzenden Druck.
- Die Lebenserfahrungen von B (Saturn) suchen nach dem Kontakt und der Lebendigkeit des Augenblicks von A (Mond).
- Das kann dazu führen, daß beide durch die Schwere des Saturns von B leicht depressiv werden und sich aus diesem Zustand immer wieder herausarbeiten müssen. Aber es ist auch möglich, daß die Wünsche von A durch den Realismus von B leichter zu verwirklichen sind. In beiden Fällen gibt es ein ständiges Streben, Klären, Heilen, Ordnen, Neuorientieren, Verwandeln und Weitergehen (Quincunx).

Opposition

Bei einer Opposition zwischen dem Pluto von A und dem Merkur von B gibt es viele Auseinandersetzungen, die recht fruchtbar sein können:
- Die Grundüberzeugungen von A (Pluto) werden durch das Denken von B (Merkur) analysiert und konkretieisert und auf ihre Umsetzbarkeit hin überprüft.
- Das Denken von B (Merkur) wird durch den Blick auf das Wesentliche von A (Pluto) immer wieder auf den Punkt gebracht.
- Das kann dazu führen, daß die beiden zwischen dem Blick auf das Wesentliche (Pluto) und der logischen Analyse (Merkur) hin- und herwechseln (Opposition) und so schließlich eine logisch aufgebaute Definition (Pluto) des Wesentlichen erhalten.

II 8. i)   Die beiden Geburtshoroskope und das Partnerhoroskop

Wenn der Astrologe seine Deutung des Partnerhoroskops gründlich durchführen will, muß er bei jeder Deutung der Aspekte zwischen zwei Planeten der Ratsuchenden auch die Aspekte mitbedenken, die diese beiden Planeten in dem Hroskop des Betreffenden haben.

Wenn der Merkur von A eine Konjunktion zu dem Jupiter von A hat, wird A stets in komplexen Zusammenhängen denken. Wenn der Merkur von A nun ein Quincunx zu dem Mond von B hat, wird A nicht nur über die Stimmungen von B (Mond) nachdenken (Merkur), sondern sofort auch die großräumigen Strukturen analysieren und beschreiben, da auch der Jupiter von A ein Quincunx zu dem Mond von B hat.

Dasselbe gilt natürlich auch für B: Wenn B ein Mars-Quadrat zu dem Mond von B hat, wird er sich möglicherweise in seinen Stimmungen ständig durch seine eigene Sexualität und auch durch die Handlungen von anderen bedroht fühlen. Daher könnte es sein, daß sich B jedesmal, wenn A seinen Gemütszustand analysiert, von B bedroht fühlt, weshalb A dann von B in Ruhe gelassen werden will.

Es gibt noch eine zweite Art der Verbindung, die man als Astrologe bei der Deutung eines Partnerhoroskops berücksichtigen sollte:

Wenn der Astrologe z.B. über den Mars spricht, haben A und B verschiedene Vorstellungen über den Mars, die sich aus dem Tierkreiszeichen und dem astrologischen Haus, in dem der Mars bei A und B jeweils steht, sowie den Aspekten des Mars in deren Geburtshoroskop ergeben. Diese Vorstellungen, die A und B über den Mars haben, sind jeweils für A und für B auch genau richtig – aber eben zwischen A und B verschieden.

Oft macht es einen großen Teil der Deutung eines Partnerhoroskops aus, den beiden Ratsuchenden die jeweilige Sicht des anderen auf ein bestimmtes Thema (Planet) zu erläutern. Wenn die beiden dazu gelangen, der jeweiligen Sicht des anderen eine Daseinsberechtigung zuzugestehen und sie nicht schlicht als „falsch" oder „krank" anzusehen, ist schon sehr viel gewonnen.

Dieser Schritt ist alles andere als einfach, denn das eigene Horskop ist für die Menschen das, was sie für selbstverständlich halten – aber bekanntlich ist nichts unterschiedlicher als das, was für die Menschen selbstverständlich ist …

Mit diesem Schritt ist natürlich noch nicht die Beziehungsstruktur erklärt oder gar geklärt, aber dieser Schritt ist oftmals ein notwendiger Schritt vor der eigentlichen Deutung des Partnerhoroskops.

Man kann diesen Schritt unauffällig und arbeitssparend dadurch in die Beratung einfügen, daß man A und B bittet, beide bei der Deutung der beiden Geburtshoroskope von A und B dabei zu sein. Dadurch lernt A B besser kennen und ebenso B den Charakter von A. Anschließend oder auch schon während der Deutung des Geburtshoroskops des einen kann dann auch nicht nur der Betreffende, sondern auch der andere Fragen dazu stellen.

Es ist von A und B zwingend notwendig, daß sie das Anderssein des jeweils anderen akzeptieren und es nicht mehr zu ändern versuchen. Ohne diese Akzeptanz wird es keine Kooperation geben können. Diese Akzeptanz löst natürlich nicht die Unterschiede zwischen A und B auf, aber wenn diese Unterschiede nicht wenigsten als real vorhanden und als in dem Wesen des anderen begründet akzeptiert werden, gibt es kein Fundament, auf dem etwas Gemeinsames aufgebaut werden könnte.

Ohne dieses Akzeptieren kommt es zu der Unterordnung des einen unter den anderen, zu dem Versuch des einen, den anderen zu verändern, zu ständigen Mißverständnissen und zu ständigem Streit.

Dieses Akzeptieren der Verschiedenheit bedeutet natürlich nicht, daß keinerlei Entwicklung möglich ist. Das Horoskop beschreibt schließlich nur den Stil eines Menschen, aber nicht das Niveau, auf dem dieser Stil gelebt wird – doch das ist ein Thema für die Deutung von Geburtshoroskopen.

Es kann allerdings bei der Deutung eines Partnerhoroskops dazu kommen, daß zwischen A und B Uneinigkeit darüber besteht, was der natürliche Stil des anderen ist und wo der andere ein Entwicklungsdefizit, also ein zu niedriges Niveau hat. Das ist dann der Punkt, wo A und B verschiedene Dinge für „selbstverständlich" und somit für allgemeingültig und richtig halten.

Solche Meinungsverschiedenheiten sind die Stelle in den Paarberatungen, die für den Astrologen am anspruchsvollsten sind, aber es sind auch die Stellen, an denen sich das größte Entwicklungspotential für A und B befindet.

Diese gleichzeitige Betrachtung von drei Horoskopen macht die Deutung eines Partnerhoroskops ziemlich anspruchvoll …

II 8. j) Aspekt-Gefüge

In Geburtshoroskopen stehen Planeten nur selten alleine da, sondern haben fast immer einen oder mehrere Aspekte zu den anderen Planeten in dem Gebrutshoroskop. Bei einer maximalen Abweichung von 5° bei den Aspekten kommt ein isolierter Planet nur in jedem dritten Horoskop vor.

Das bedeutet, daß ein Planet in dem Horoskop von B in aller Regel nicht nur einen Aspekt zu einem Planeten in dem Horoskop von A haben wird, sondern daß er zugleich auch einen Aspekt zu all den Planeten hat, mit denen der Planet von A in dem Geburtshoroskop von A verbunden ist.

Wenn A z.B. ein Saturn/Mars-Trigon hat und der Uranus von B steht in einem Sextil zu dem Mars von A, dann wird der Uranus von B auch entweder ein Sextil oder eine

Oppostion zu dem Saturn von A haben.

Es kann natürlich sein, daß sowohl das Mars/Saturn-Trigon von A als auch das Sextil des Uranus von B zu dem Mars von A so ungenau sind, daß sich diese beiden Ungenauigkeiten zu mehr als 5° Gesamtungenauigkeit addieren und der Uranus von B dann doch keinen Aspekt zu dem Saturn von A hat.

Das Thema dieser Aspekt-Gefüge ist jedoch so komplex, daß es ein eigenes Kapitel benötigt – das ist der nun folgende Schritt im nächsten Kapitel dieser Betrachtungen von Partnerhoroskopen. Er macht einen großen Teil dieses Buches aus.

III   Aspektgefüge zwischen A und B

Es gibt in Horoskopen spezielle Punkte, die eine bestimmte Qualität hätten, wenn dort ein Planet stehen würde. Wenn nun ein anderer Mensch an diesem Punkt im Tierkreis einen Planeten stehen hat, nimmt dieser Mensch automatisch eine bestimmte Position für den Betreffenden ein.

Wenn dieser Punkt wichtig sein sollte, wird der Betreffende viele Menschen kennen, die an diesem Punkt einen Planeten stehen haben, d.h. in dem „Neigungs-Horoskop" des Betreffenden gibt es an dieser Stelle in seinem Horoskop eine Häufung der Planeten in den Horoskopen der Menschen in seinem Umfeld.

Die in diesem Kapitel angeführten Beispiele sind nur eine kleine Auswahl von derartigen Punkten, die in einem Horoskop vorkommen können.

III 1.   Begegnungs-Möglichkeiten aufgrund des Geburtshoroskops

Es ist naheliegend und menschlich, die Lösung für eigene Probleme bei anderen Menschen zu suchen. Da sich alle Probleme von A einem bestimmten Aspekt im Horoskop von A zuordnen lassen, kann man anhand der möglichen Aspekte, die ein Planet von B zu den beiden Planeten in dem betreffenden Aspekt von A haben kann, erkennen, welchen Einfluß B auf A nehmen kann.

Da es sieben verschiedene Aspekte gibt, folgen nun sieben Betrachtungen zu diesen sieben möglichen Aspekten.

Jeder der beiden an diesem Aspekt beteiligten Planeten von A kann nur eine begrenzte Anzahl von Aspekten von den beiden Planeten von A zu dem Planet von B haben. Diese Möglichkeiten werden im Folgenden vollständig beschrieben, um zu zeigen, welche Aspektgefüge sich ergeben können, wenn zu einem Aspekt von A ein Planet von B hinzutritt.

Die im Folgenden beschriebenen Aspektgefüge sind daher die Bausteine, aus denen jedes Partnerhoroskop besteht.

Dieses Kapitel beschreibt daher die Antwort auf die Frage „Was geschieht, wenn ein Planet von B einem Aspekt von A begegnet?"

III 1. a) Aspekte zu einer Konjunktion

Eine Konjunktion schafft in dem Geburtshoroskop von A eine Einheit von Fähigkeiten. Da beide Planeten von A an derselben Stelle stehen, haben beide Planeten auch stets dieselben Aspekte zu allen Planeten im Horoskop von B. Die Planeten von B können also nicht auf unterschiedliche Weise auf die beiden Konjunktions-Planeten von A einwirken. B bleibt somit in seiner Wirkung auf die beiden Planeten von A einheitlich.

Die zwölf möglichen Aspekt-Kombinationen, die ein Planet von B zu den beiden Planeten von A, die durch eine Konjunktion verbunden sind, haben kann, sind:

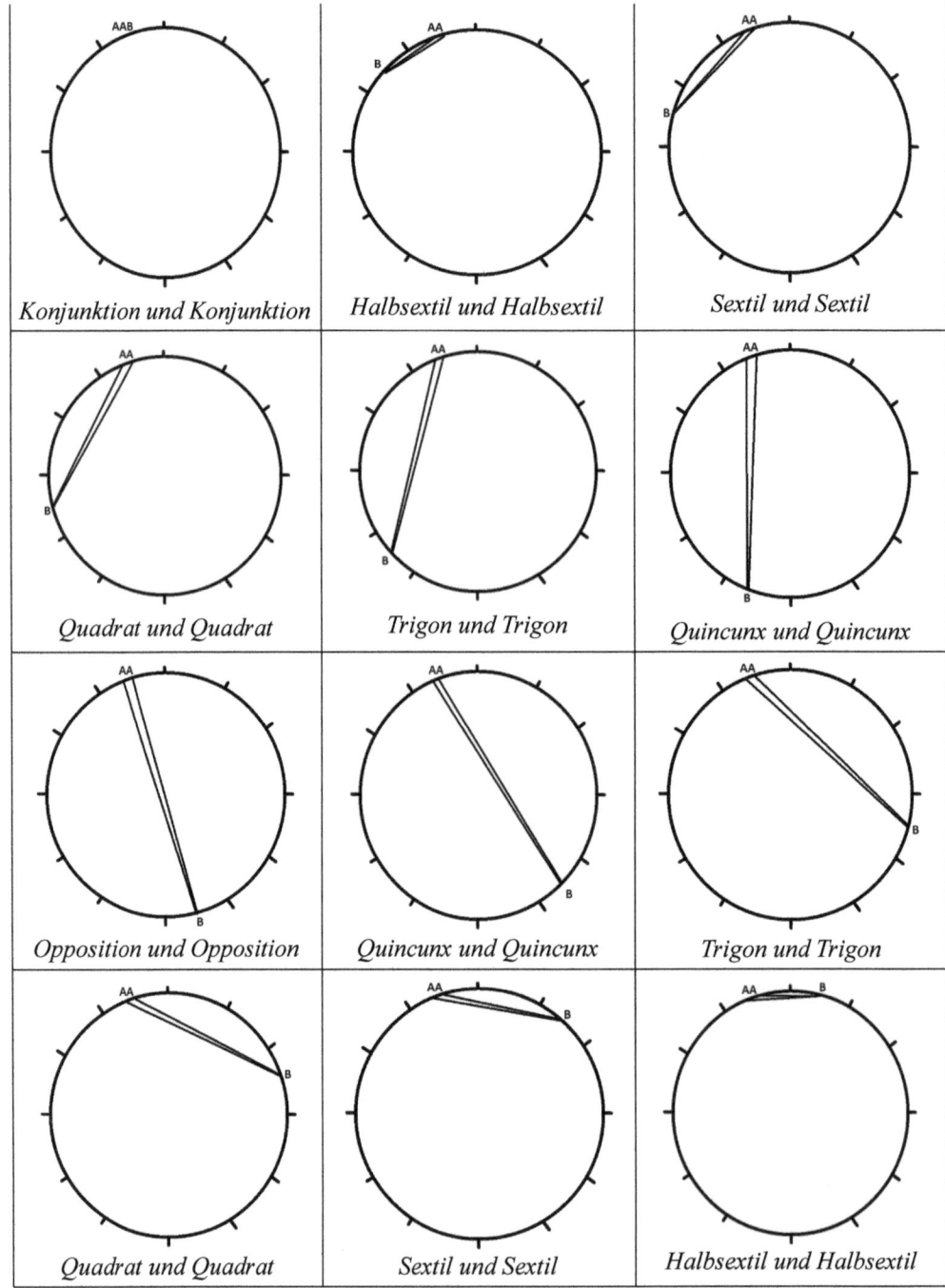

Konjunktion und Konjunktion	*Halbsextil und Halbsextil*	*Sextil und Sextil*
Quadrat und Quadrat	*Trigon und Trigon*	*Quincunx und Quincunx*
Opposition und Opposition	*Quincunx und Quincunx*	*Trigon und Trigon*
Quadrat und Quadrat	*Sextil und Sextil*	*Halbsextil und Halbsextil*

„Konjunktion und Konjunktion" sowie „Opposition und Opposition" kommen nur einmal vor – die übrigen Aspektgefüge kommen zweimal vor.

Von den sieben möglichen Aspektgefügen sind die ersten vier in der folgenden Übersicht verbindend und die letzten drei hingegen trennend (*kursiv* gedruckt):

1x Konjunktion und Konjunktion: Einheit
2x Sextil und Sextil: Gemeinschaft
2x Trigon und Trigon: Freundschaft
1x Opposition und Opposition: Schwingen

2x *Halbsextil* und *Halbsextil*: Weiterentwicklung
2x *Quadrat* und *Quadrat*: Trennung
2x *Quincunx* und *Quincunx*: Neuorientierung

Die beiden gleichen Aspekte des Planeten von B zu den beiden in Konjunktion stehenden Planeten von A verstärken durch ihre Gleichbehandlung der beiden Planeten von A deren Zusammenhalt.

Der Planet von B wird also – egal, wo er steht – stets den Zusammenhalt der Konjunktion der beiden Planeten von A fördern. B ist also – egal, was er tut – stets ein die Qualitäten von A verstärkender oder evtl. auf drastische Weise verzerrender Spiegel für A.

Diese Erkenntnis, daß alle Menschen, denen jemand begegnet, diesem Menschen sein eigenes Wesen widerspiegeln, ist zwar keineswegs neu, aber es ist interessant, daß sich dieses Prinzip auch in der Astrologie wiederfindet.

- <u>Konjunktion und Konjunktion</u>: Wenn A seinen Merkur und seinen Mond in Konjunktion stehen hat, kann er seine Stimmungen (Mond) sehr gut in Worte fassen (Merkur) und auch seine Worte (Merkur) sehr „farbig" und lebendig (Mond) werden lassen und durch seine Worte recht einfach Kontakte (Mond) knüpfen.

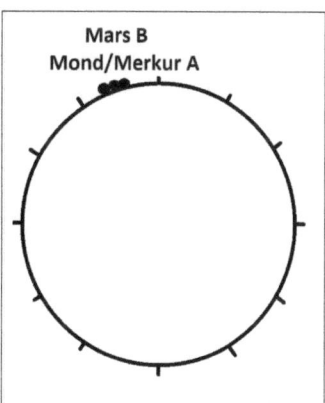

Mars B
Mond/Merkur A

Wenn B seinen Mars an derselben Stelle stehen hat, regt er einerseits A durch seine Handlungen (Mars) zum Reden (Merkur) und zur Kontaktaufnahme (Mond) an, während B seinerseits durch die Worte (Merkur) von A und durch die Stimmungen (Mond) von A zum Handeln (Mars) angeregt wird.

- <u>Halbsextil und Halbsextil</u>: Angenommen, A hat eine Konjunktion von Mond und Neptun. Dann wird er seine Psyche und seinen Lebenskraftkörper (Mond) sozusagen öffnen (Neptun) und Mitgefühl für alle Wesen haben sowie auch sehr leicht die Stimmungen und Gedanken von anderen wahrnehmen.

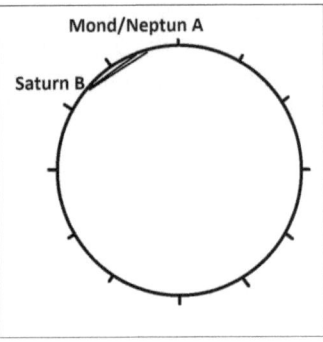

Wenn B von seinem Saturn aus zwei Halbsextile zu der Mond/Neptun-Konjunktion von A hat, wird ihn die „offene Psyche" von A ständig anregen bzw. in Unruhe versetzen und leise an an dem Weltbild (Saturn) von B rütteln.

Andererseits wird A auch durch diese beiden Halbsextile dazu angeregt, die eigenen physischen Wahrnehmungen (Mond) und telepathischen Wahrnehmungen (Neptun) auf ihren Realitätsgehalt (Saturn) hin zu überprüfen.

- <u>Sextil und Sextil</u>: A könnte z.B. eine Konjunktion von Sonne und Saturn haben. Dann würde er zum einen seinen Willen (Sonne) stark an der Realität (Saturn) orientieren, andererseits wäre sein Wille (Sonne) auch sehr fest und unbeugsam (Saturn).

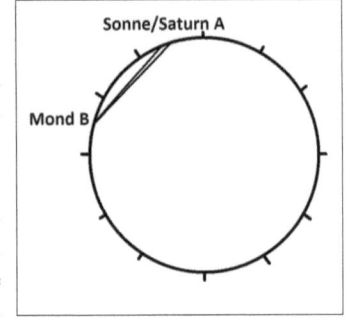

Wenn B seinen Mond im Abstand von einem Sextil zu der Konjunktion von A stehen hat, wird er A helfen können, seine Willenshärte (Sonne/Saturn) ein wenig abzumildern und seine Äußerungen etwas umgänglicher zu gestalten und dadurch vermutlich effektiver als zuvor zu werden. B ist sozusagen der Diplomat von „König A".

Andererseits hilft A durch seinen realitätsbezogenen (Saturn) Willen (Sonne), die verborgenen Wünsche von B Wirklichkeit werden zu lassen.

- <u>Quadrat und Quadrat</u>: Wenn A Venus und Mars zusammenstehen hat, wird er seine Gefühle (Venus) immer gleich in Taten (Mars) umsetzen wollen und er wird bei seinen Taten immer sehr emotional und auf Harmonie bedacht (Venus) sein.

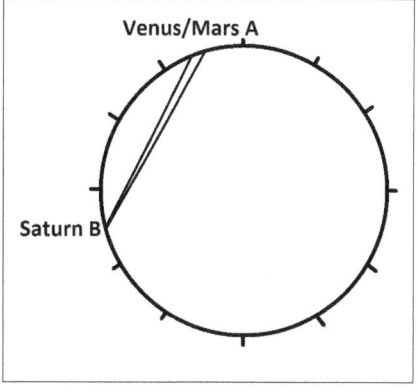

Wenn B jetzt seinen Saturn in einem zweifachen Quadrat zu der Konjunktion von A stehen hat, wird B ständig A ausbremsen, indem er ihm sagt, was A erst noch tun muß, welche Hindernisse es gibt, warum sein Vorhaben leichtsinnig (Saturn) ist usw. B ist dann der „Hemmschuh" für die Gefühle und Taten von A.

Andererseits kann A durch seine emotionalen (Venus) Taten (Mars) auch die Pläne (Saturn) von B gründlich durcheinander wirbeln.

- <u>Trigon und Trigon</u>: Wenn A eine Mars/Uranus-Konjunktion hat, wird er zu einem sehr spontanen und sprunghaftem (Uranus) Handeln (Mars) neigen.

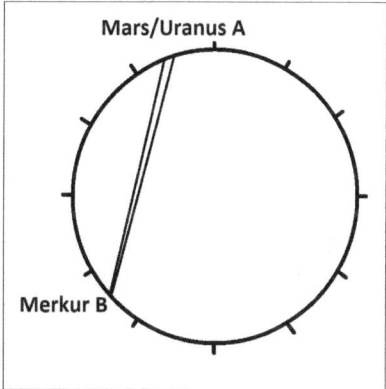

Wenn der Merkur von B in einem doppeltem Trigon zu dieser Konjunktion von A steht, kann B A helfen, in seiner Spontanität keine wichtigen Details zu übersehen.

Andererseits kann A auch B helfen, aus seinem Denken (Merkur) auch einmal konkrete Taten (Mars) werden zu lassen.

- <u>Quincunx und Quincunx</u>: Wenn A eine Konjunktion von Jupiter und Saturn hat, wird er sehr langfristige (Saturn) Pläne (Jupiter) schmieden.

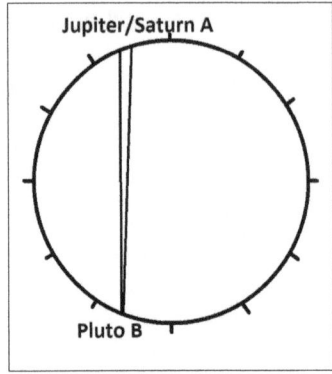

Sollte B jedoch seinen Pluto in einem doppelten Quincunx zu der Konjunktion von A stehen haben, wird B A immer wieder fragen (Quincunx), ob die Pläne von A tatsächlich auf die Verwirklichung der wesentlichen Dinge (Pluto) ausgerichtet sind – und dadurch immer wieder sinnvolle Kurskorrekturen (Quincunx) in den Plänen (Saturn) von A verursachen.

Andererseits ermöglicht A es B, dessen existentielle Grundüberzeugungen (Pluto) auch wirklich einmal zu realisierbaren (Saturn) Zielen (Jupiter) zu konkretisieren.

- <u>Opposition und Opposition</u>: A könnte z.B. eine Mond/Pluto-Konjunktion in seinem Geburtshoroskop haben. Das würde bedeuten, daß alle seine Stimmungen und Bedürfnisse und inneren Bilder (Mond) ausgesprochen intensiv und heftig (Pluto) sind.

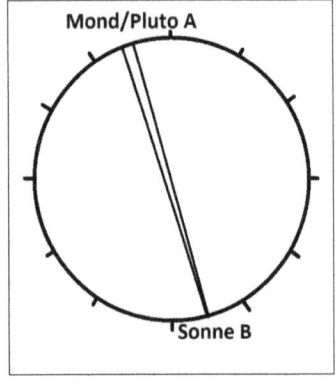

Wenn nun B seine Sonne genau gegenüber von der Konjunktion von A stehen hat, wird er den heftigen Befindlichkeiten (Mond/Pluto) von A seinen eigenen Willen (Sonne) gegenüberstellen. Das führt dann dazu, daß in der Begegnung zwischen A und B mal die heftigen Stimmungen von A und mal der Wille von B im Vordergrund stehen. Dadurch wird der Wille (Sonne) von B durch A belebt (Mond/Pluto) und die heftigen (Pluto) Stimmungen (Mond) von A erhalten eine wärmende Mitte (Sonne).

Bei allen diesen Aspektgefügen gibt es einen deutlich erkennbaren Schwerpunkt bei der Konjunktion von A – einfach deshalb, weil in diesen Aspektgefüge zwei Planeten von A, aber nur ein Planet von B stehen.

Das heißt nicht, daß B in dieser Begegnung immer zu kurz kommt, sondern nur, daß A in seinen Äußerungen vielfältiger ist und daß A sozusagen 2/3 der Zeit in diesem Aspektgefüge und B nur 1/3 der Zeit in diesem Aspektgefüge erhält. Diese Zeitangabe ist natürlich nur eine Näherung und keine präzise Angabe oder gar ein Sollwert.

Insgesamt gesehen begegnen sich bei zwei Menschen immer die 10 Planeten des einen mit den 10 Planeten des anderen – das ist weitgehend ausgeglichen (manchmal hat ein Planet des einen keine Aspekte zu dem anderen).

Die Unterschiede darin, wer die Begegnung wieviel prägt und wer wieviel von der gemeinsamen Zeit erhält, hängt nicht von dem Partnerhoroskop ab, sondern davon, wer von den beiden möglicherweise besonders dominant ist.

III 1. b) Aspekte zu einem Halbsextil

Ein Halbsextil beträgt 30°. Das bedeutet, daß die beiden Planeten von A, die ein Halbsextil zueinander haben, stets verschiedene Aspekte zu den Planeten von B haben. Diese beiden Aspekte unterscheiden sich jeweils um 30°, d.h. es sind Aspekte, die von ihrer Größe her aufeinander folgen. Da sich die verbindenden und die trennenden Aspekte in ihrer Folge abwechseln, haben die beiden Planeten in einem Halbsextil stets „widersprüchliche" Aspekte zu jedem Planet von B.

Die Folge der Aspekte sieht wie folgt aus, wobei die trennenden Aspekte der Übersichtlichkeit halber wieder *kursiv* geschrieben sind:

- Konjunktion: Ehe
- Halbsextil: *Entwicklung*
- Sextil: Gemeinschaft
- Quadrat: *Trennung*
- Trigon: Freundschaft
- Qunincunx: *Veränderung*
- Opposition: Schwingen

Die sechs möglichen Aspekt-Kombinationen, die ein Planet von B zu den beiden Planeten von A, die durch ein Halbsextil verbunden sind, haben kann, sind in der folgenden Übersicht aufgelistet. Der verbindende Aspekt steht jeweils an erster Stelle, der trennende Aspekt (*kursiv*) an zweiter Stelle.

2x Konjunktion und *Halbsextil*: Einheit und Weiterentwicklung
2x Sextil und *Halbsextil*: Gemeinschaftsbildung und Weiterentwicklung
2x Sextil und *Quadrat*: Gemeinschaft und Absonderung
2x Trigon und *Quadrat*: Freundschaft und Absonderung
2x Trigon und *Quincunx*: Freundschaft und Neuordnung
2x Opposition und *Quincunx*: Wechsel und Neuordnung

Hier läßt das Halbsextil in dem Geburtshoroskop von A mit seinem Weiterentwicklungs-Druck keine Ruhe in der Begegnung mit einem Planeten von B aufkommen:

Die Verbindung zwischen den beiden Halbsextil-Planeten von A und dem Planeten von B besteht immer aus einem verbindenden und aus einem trennnenden Aspekt.

Das Halbsextil zwischen den beiden Planeten von A führt zu einer ständigen Weiterentwicklung dieser beiden Planeten. Die unruhigen Aspektgefüge, die durch die Aspekte des Planeten von B zu den beiden Planeten von A entstehen, verstärken diese Entwicklungs-Unruhe bei den beiden Planeten von A.

Die zwölf möglichen Aspekt-Kombinationen, die ein Planet von B zu den beiden Planeten von A, die durch ein Halbsextil verbunden sind, haben kann, sind:

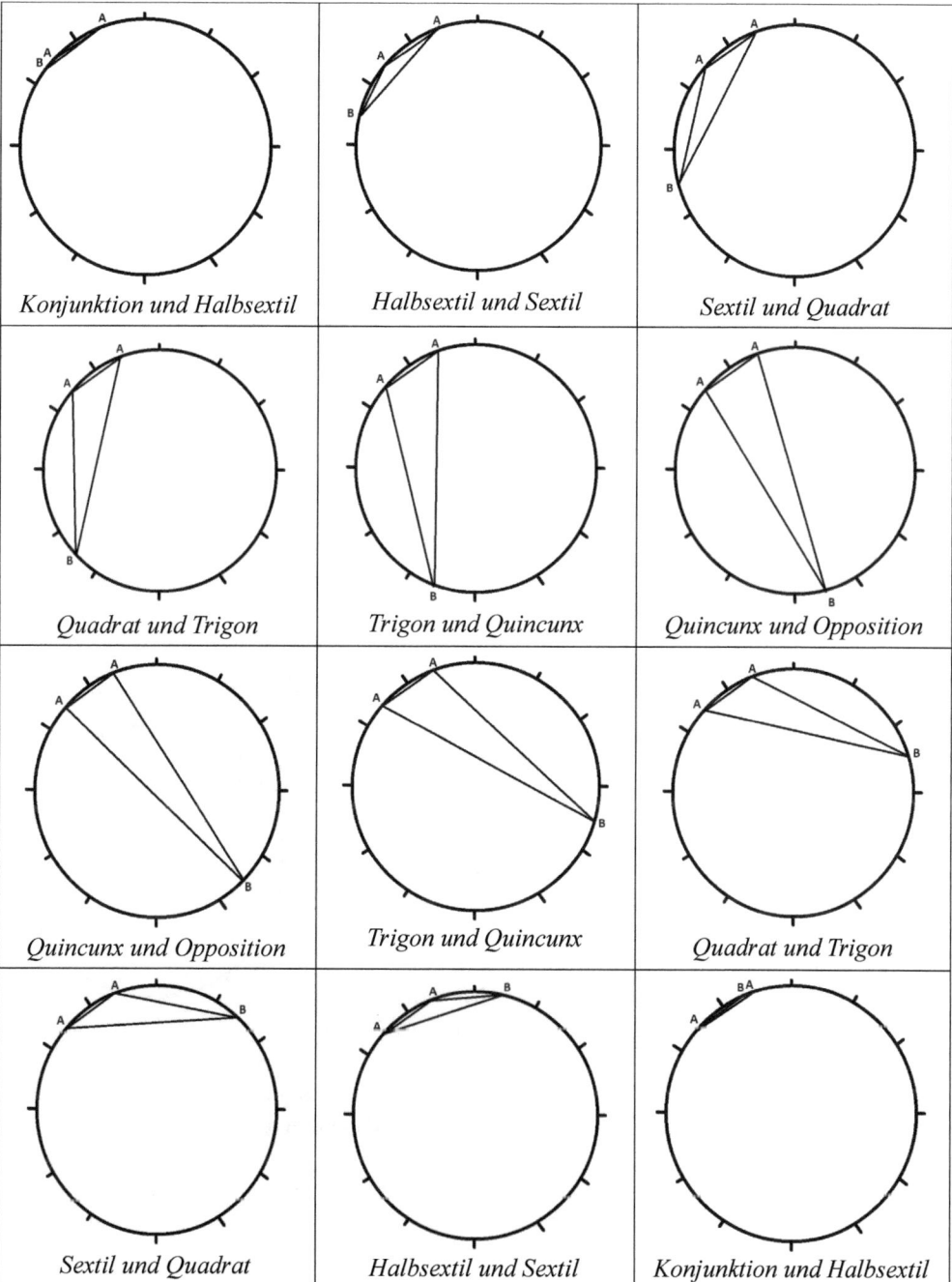

Konjunktion und Halbsextil	*Halbsextil und Sextil*	*Sextil und Quadrat*
Quadrat und Trigon	*Trigon und Quincunx*	*Quincunx und Opposition*
Quincunx und Opposition	*Trigon und Quincunx*	*Quadrat und Trigon*
Sextil und Quadrat	*Halbsextil und Sextil*	*Konjunktion und Halbsextil*

Es ist offensichtlich, daß sich die zur Weiterentwicklung drängende Unruhe, die in einem Halbsextil liegt, auch in dem Verhältnis der beiden Planeten von A in diesem Halbsextil zu dem Planeten von B zeigt. Diese Unruhe in A läßt sich also nicht durch B, d.h. durch irgendeinen Planetenstand in dem Horoskop von B beruhigen.

Der Wunsch nach Ruhe und Ankommen ist zwar verständlich, aber das „Abschalten" der Weiterenticklung, die durch das Halbsextil angetrieben wird, ist nicht möglich und letztlich ja auch überhaupt garnicht wünschenswert.

- <u>Konjunktion und Halbsextil</u>: Wenn A z.B. seinen Merkur und seine Venus in einem Halbsextil stehen hat, wird er ständig angetrieben, seine Gedanken (Merkur) zu durchfühlen (Venus) und seine Gefühle (Venus) in Worten (Merkur) klar auszudrücken.

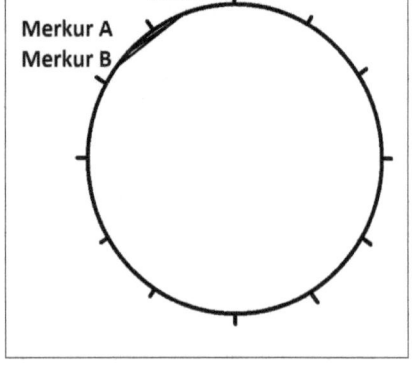

Wenn nun der Merkur von B eine Konjunktion mit dem Merkur von A haben sollte, wird B A dabei helfen, die Gefühle (Venus) von A in Worte (Merkur) zu fassen.

- <u>Halbsextil und Sextil</u>: Wenn A seinen Mars und seinen Jupiter im Halbsextil stehen hat, wird er getrieben sein, seine Pläne (Jupiter) auch wirklich in Taten (Mars) umzusetzen bzw. seinem Handeln (Mars) eine einheitliche Richtung (Jupiter) zu geben.

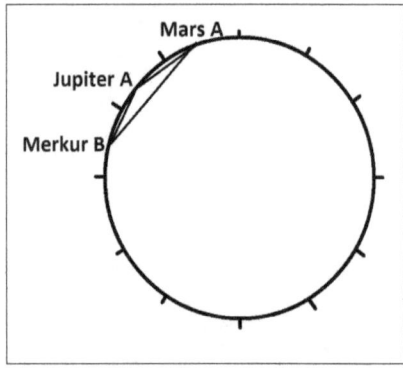

Der Merkur von B kann den Mars, wenn er ein Sextil zu ihm hat, mit Hinweisen und Ratschlägen (Merkur) unterstüzten, sodaß die Taten von A (Mars) effektiver werden.

Die Pläne (Jupiter) von A kann B jedoch durch seine Erkenntnisse (Merkur) lediglich in eine kreative Unruhe (Halbsextil) versetzen.

- Sextil und Quadrat: Wenn A seine Venus und seinen Jupiter in einem Halbsextil stehen hat, wird er immer wieder einmal versuchen, seine Gefühle (Venus) in einen Gesamt-Zukunftsentwurf (Jupiter) zu bringen und er wird auch versuchen, seine Ziele immer wieder einmal zu durchfühlen.

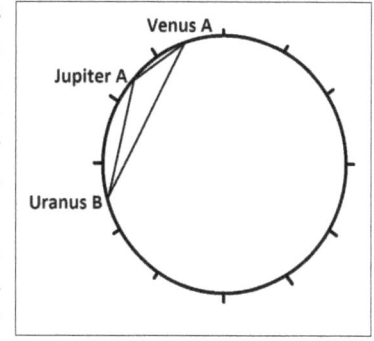

Wenn B seinen Uranus in einem Sextil zu dem Jupiter von A stehen hat, wird er A immer wieder neue Ideen (Uranus) für die Ziele (Jupiter) von A vorschlagen, was für A bereichernd (Sextil) sein wird. Allerdings wird B mit den Gefühlen (Venus) von A nicht viel anfangen können und daher mit seinen Ideen (Uranus) A immer wieder einmal ungewollt verletzen (Quadrat).

B wird hingegen durch die Zukunftsentwürfe (Jupiter) von A zu immer neuen Ideen (Uranus) angeregt, während die Gefühle (Venus) von A die meiste Zeit B im Weg stehen (Quadrat).

- Quadrat und Trigon: A könnte z.B. ein Halbsextil zwischen seinem Saturn und seinem Merkur haben. Dann würden seine Lebenserfahrungen (Saturn) immer wieder mal leise bei seinem Verstand (Merkur) anklopfen und ihn fragen (Halbsextil), ob seine Gedanken (Merkur) eigentlich noch ausreichend Realitätsbezug (Saturn) haben.

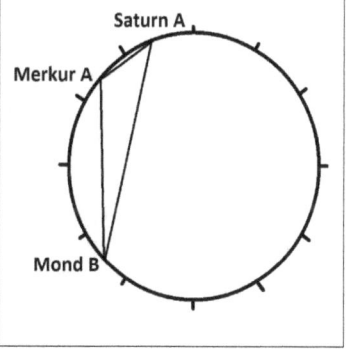

Wenn nun B mit seinem Mond im Trigon zu dem Saturn von A sowie in einem Quadrat zu dem Merkur von A steht, werden die Stimmungen (Mond) von B durch die Beständigkeit (Saturn) von A einen größeren Rückhalt erlangen, aber durch die Worte (Merkur) von A immer wieder verletzt (Quadrat) werden, wobei B das Gefühl haben wird, daß A die Stimmungen (Mond) von B nicht (Quadrat) versteht (Merkur).

- <u>Trigon und Quincunx</u>: A könnte auch seine Sonne und seinen Neptun in einem Halbsextil stehen haben. Dann würde A immer wieder einmal sein eigenes Ego (Sonne) zu einem allgemeinen Mitgefühl (Neptun) weiten.

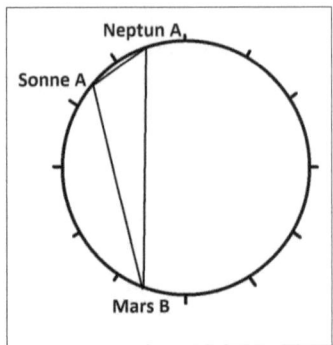

Falls B dann zu A hinzukommt und seinen Mars in einem Trigon zu der Sonne von A stehen hat, aber in einem Quincunx zu dem Neptun, dann wird B erfreut mitmachen, wenn es darum geht, das in die Tat umzusetzen (Mars), was A gerade will (Sonne), aber B wird jedesmal eine längere Debatte beginnen (Quincunx), wenn A wieder mit seinen spirituellen, künstlerischen, sozialen oder ökologischen Ambitionen (Neptun) ankommt.

Andererseits wird A durch die Tatkraft (Mars) von B dazu angeregt, Dinge nicht nur zu wollen (Sonne), sondern sie auch zu tun (Mars), sowie seine spirituellen, künstlerischen, sozialen oder ökologischen Ziele (Neptun) auf ihre Machbarkeit (Mars) hin zu überprüfen (Quincunx).

- <u>Quincunx und Opposition</u>: A könnte auch den Jupiter und den Uranus in einem Halbsextil zueinander stehen haben. Dann würden die Ziele (Jupiter) von A von Zeit zu Zeit durch neue Iden (Uranus) zu einer Neuformulierung (Halbsextil) angeregt werden.

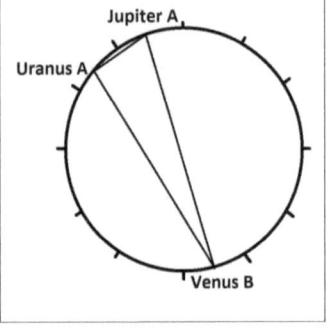

Sollte B nun seine Venus in Opposition zu dem Jupiter von A und im Quincunx zu dem Uranus von A stehen haben, würde B die Ziele (Jupiter) von A durch seine Gefühle (Venus) sozusagen rhythmisch beleben (Opposition), während er an den neuen Iden (Uranus) des A immer erst einmal Zweifel hätte und sie emotional (Venus) in Frage stellen und überprüfen würde (Quincunx).

B erhält durch die schöpferischen Pläne (Jupiter) von A die Möglichkeit, die eigenen Gefühle (Venus) in einer umfassenderen Weise auszudrücken und zu verwirklichen und schubweise (Opposition) emotional (Venus) zu wachsen. Durch die vielen plötzlichen Impulse (Uranus) von A wird B angeregt, die eigenen Gefühle (Venus) immer wieder einmal genauer anzusehen und sich dadurch seine eigenen Emotionen (Venus) bewußter zu werden und sie gegebenenfalls dann auch noch einmal zu klären (Quincunx).

Auch hier sieht man wieder, daß der Planet von B – egal, wie sein Planet steht – der Person A stets die Entwicklungsdrang-Unruhe des Halbsextils in dem Geburtshoroskop von A widerspiegelt.

Die Erkenntnis, daß alle Menschen, denen jemand begegnet, diesem Menschen sein eigenes Wesen widerspiegeln findet sich also nicht nur bei der Konjunktion, sondern auch bei dem Halbsextil.

III 1. c)   Aspekte zu einem Sextil

Das Sextil zwischen zwei Planeten von A hat stets entweder zwei trennende oder zwei verbindende Aspekte zu einem Planeten von B.

Das bedeutet, daß der gemeinschaftsbildende Charakter des Sextils von A nicht durch einen Planeten von B gestört oder verändert werden kann: Entweder grenzen sich beide Planeten von A gegen den Planeten von B ab oder beide Planeten von A nehmen den Planeten von B in ihre Gemeinschaft auf.

Von den sieben möglichen Aspektgefüge sind die ersten drei verbindend, die letzen vier hingegen trennend (*kursiv* gedruckt):

> 2x   Konjunktion und Sextil: Einheit und Gemeinschaft
> 2x   Sextil und Trigon: Gemeinschaft und Freundschaft
> 2x   Opposition und Trigon: Schwingen und Freundschaft
>
> 2x   *Halbsextil* und *Quadrat*: Weiterentwicklung und Trennung
> 2x   *Quadrat* und *Quincunx*: Trennung und Neuordnung
> 1x   *Halbsextil* und *Halbsextil*: intensive Weiterentwicklung
> 1x   *Quincunx* und *Quincunx*: zweifache Neuordnung

Die zwölf möglichen Aspekt-Kombinationen, die ein Planet von B zu den beiden Planeten von A, die durch ein Sextil verbunden sind, haben kann, sind:

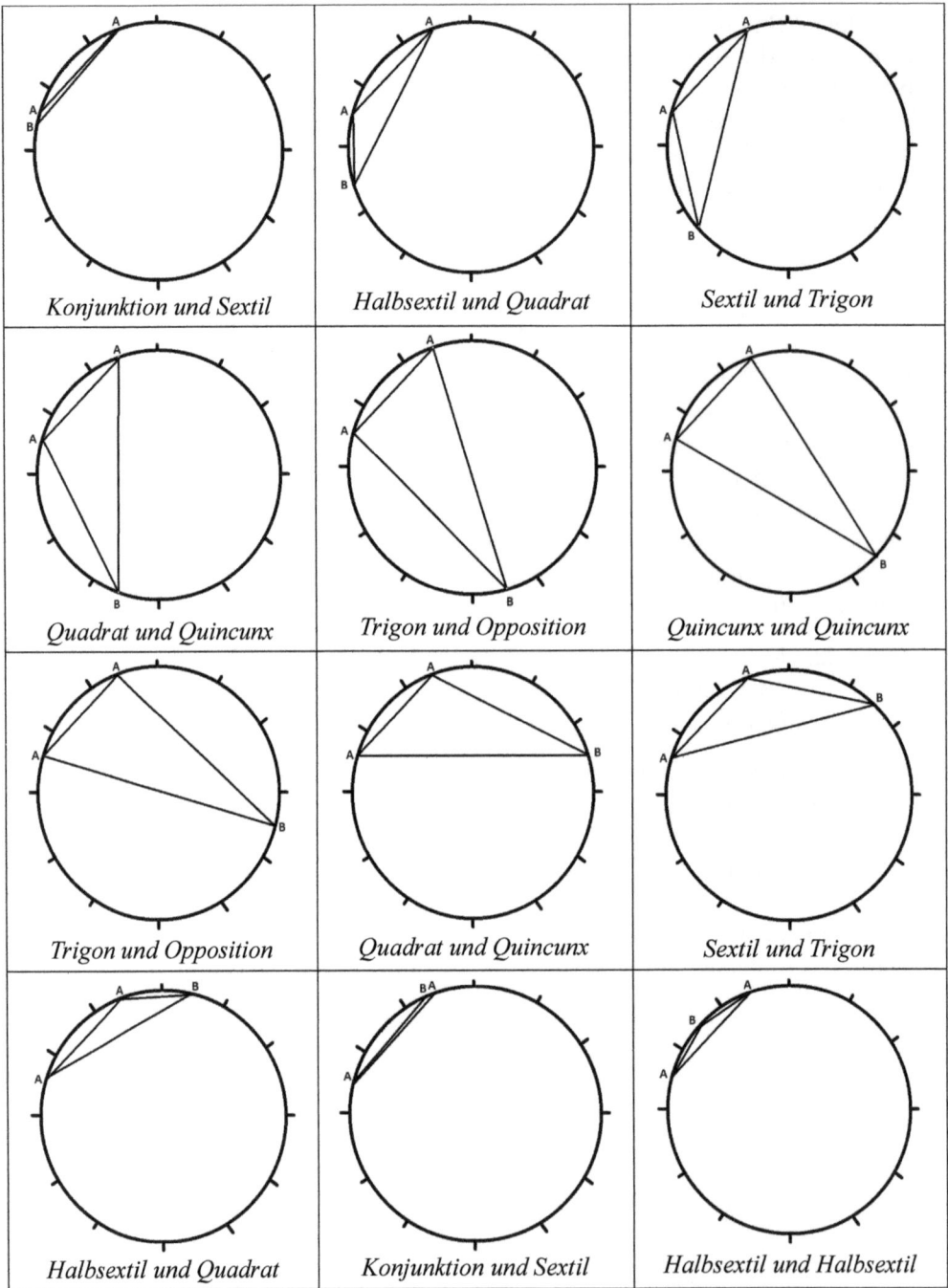

Konjunktion und Sextil	*Halbsextil und Quadrat*	*Sextil und Trigon*
Quadrat und Quincunx	*Trigon und Opposition*	*Quincunx und Quincunx*
Trigon und Opposition	*Quadrat und Quincunx*	*Sextil und Trigon*
Halbsextil und Quadrat	*Konjunktion und Sextil*	*Halbsextil und Halbsextil*

„Halbsextil und Halbsextil" sowie „Quincunx und Quincunx" kommen nur einmal vor – alle übrigen Aspektgefüge kommen zweimal vor.

Auch hier zeigt sich wieder das Phänomen, daß jeder Planet von B – egal, wo er steht – durch seine beiden Aspekte zu den beiden in einem Sextil stehenden Planeten von A der Person A stets die Qualität dieses Sextils widerspiegelt.

- Konjunktion und Sextil: Die „Ehe" der Konjunktion wir in die „Gemeinschaft" des Sextils miteinbezogen und gibt der „Ehe" ein soziales Umfeld und der „Gemeinschaft" ein festes Zentrum.

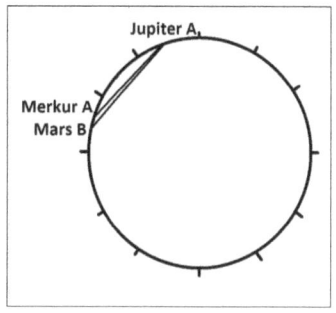

Durch diesen auf beide Planeten von A gleichermaßen wirkenden konstruktiven Einfluß der beiden Aspekte des Planeten von B wird die Fähigkeit zur Gemeinschaftsbildung des Sextils verstärkt.

Hier könnte die Zielstrebigkeit (Jupiter) von A mit dem Denken (Merkur) von A verbunden sein.

B könnte angeregt durch die Worte (Merkur) von A gleich (Konjunktion) zur Tat schreiten (Mars) und dabei auch die Ziele (Jupiter) von A mit förderlicher Absicht im Blick haben (Sextil).

- Trigon und Sextil: Die „Gemeinschaft" des Sextils verbindet sich mit der „Freundschaft" des Trigons, wodurch eine Gemeinschaft entsteht, in der es vereinzelte engere, freundschaftliche Bindungen gibt.

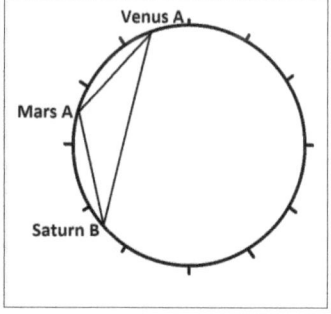

Auch hier haben beide Aspekte des Planeten von B eine harmonisierende, zusammenfassende und verbindene Wirkung auf das Sextil von A und verstärken somit dessen Aktivität und Effektivität.

Wenn A ein Sextil zwischen seiner Venus und seinem Mars hat, will er seine Gefühle und insbesondere seine Zuneigung (Venus) immer gleich in Taten (Mars) umsetzen.

Falls nun B mit seinem Saturn hinzukommt, wird er auf die Taten (Mars) von A immer wieder einmal beratend oder kontrollierend (Saturn) einwirken (Sextil). Die Gefühle (Venus) von A werden in der Beständigkeit (Saturn) von B einen dauerhaften Halt (Trigon) finden.

- <u>Opposition und Trigon</u>: Das „Schwingen" der Opposition verbindet sich mit der „Freundschaft" des Trigons und erschafft dadurch die Möglichkeit, innerhalb einer Freundschaft nach und nach die Gegenpole zu den eigenen Neigungen besser kennenzulernen und dadurch selber runder zu werden.

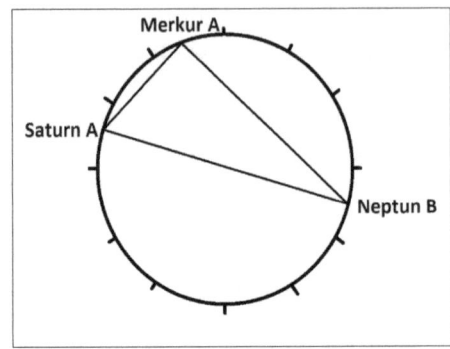

Auch diese heilsame Wirkung der beiden Aspekte des Planeten von B zu den beiden Planeten von A fördert somit die Qualität und die Wirkung des Sextils von A, denn was suchen Menschen anderes in einer Gemeinschaft als Austausch (Opposition), Zusammenhalt (Trigon), Freundschaften (Trigon) und die Weitung des eigenen Selbstbildes und Weltbildes (Opposition)?

Wenn A ein Merkur/Saturn-Sextil hat, wird er in seinem Denken und Reden (Merkur) stets auf Sachlichkeit (Saturn) bedacht sein.

Falls nun B mit seiner Phantasie (Neptun) hinzukommt, weitet er die Gedanken (Merkur) von A und regt ihn vielleicht sogar zum Märchenerzählen an. Wahrscheinlich wird es in der Begegnung von A und B einen rhythmischen Wechsel (Opposition) von Sachlichkeit (Saturn) und Phantasie (Neptun) geben.

- <u>Halbsextil und Quadrat</u>: Die Weiterentwicklungs-Qualität des Halbsextils führt oft zu der Trennungs-Qualität des Quadrates: Wenn man weitergehen will, muß man manchmal das Alte loslassen.

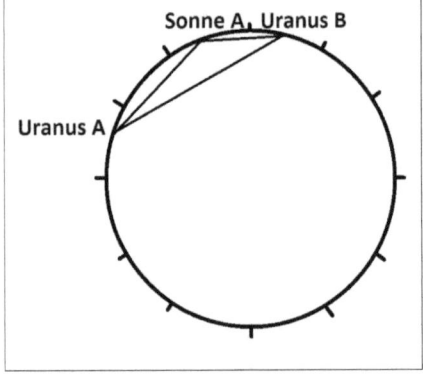

Hier führen die Qualitäten der beiden Aspekte, die von dem Planet von B zu den beiden Planeten von A führen, dazu, daß sich die Gemeinschaft (Sextil), in der sich A befindet, weiterentwickelt, verändert, ergänzt wird oder daß A nach einer Weile in eine andere Gemeinschaft wechselt oder eine weitere Vereinsmitgliedschaft hinzunimmt.

A könnte ein Sextil zwischen seiner Sonne und seinem Uranus haben. Dann würde sich sein Selbstbild und auch das, was er will (Sonne), sich sehr sprunghaft (Uranus) weiterentwickeln.

Wenn nun noch B mit seinem Uranus dazukommt, aber ein Quadrat zu dem

Uranus von A hat, könnte ein Streit (Quadrat) darüber entstehen, wessen Idee (Uranus) dazu, wie A sein Selbstbild (Sonne) weiterentwickeln sollte, richtig ist – was A zwar auch anregen (Halbsextil) kann, aber ihn möglicherweise vor allem verwirren (Uranus) würde.

- <u>Quadrat und Quincunx</u>: Die durch das Quadrat bewirkten Trennungen führen notwendigerweise zu den Neuorientierungen und zu der Neuordnung des Quincunx.

Ein Planet von B, der ein Quadrat und ein Quincunx zu den beiden durch ein Sextil verbundenden Planeten von A hat, wird auf die Gemeinschaften, in denen sich A befindet, einen starken Entwicklungsdruck ausüben, der häufig auch dazu führt, daß A in eine neue Gemeinschaft wechselt und einen neuen Bekanntenkreis findet.

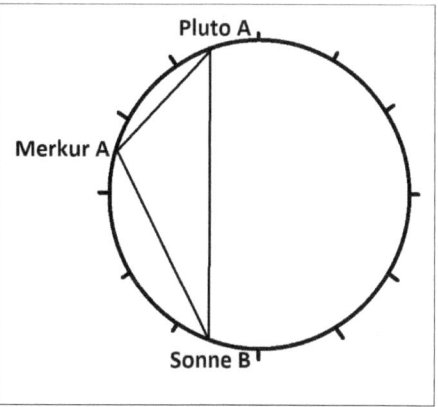

Auch hier findet sich ein einheitlicher Einfluß des Planeten von B auf die beiden Planeten von A, durch die die Gemeinschaften von A – idealerweise – ständig an Niveau gewinnen.

Durch ein Sextil von Merkur und Pluto wäre A im Denken und Reden (Merkur) sehr heftig und auf das Wesentliche ausgerichtet (Pluto).

Wenn nun B mit seiner Sonne hinzukäme, hätte er es nicht leicht mit A: Über das Quincunx zu dem Pluto von A würde B ständig in seinem Selbstverständnis kritisiert und in seinem Selbstwertgefühl angegriffen werden, während er durch das Quadrat zwischen seiner Sonne und dem Merkur von A sich A nicht verständlich machen könnte.

Das würde wahrscheinlich wiederum dazu führen, daß A B für völlig uneinsichtig und entwicklungsunfähig und deshalb möglicherweise auch generell für eine schlechte Gesellschaft hält.

Wenn A jedoch einen sehr starken Charakter hat und evtl. auch noch dominant ist, wird er hingegen A in die größten Zweifel über sein eigenes Denkvermögen und über seine eigenen Ansichten stürzen können.

Die Gefahr, daß es zu einem Kampf (Quadrat/Quincunx) zwischen A und B kommt, ist recht groß.

- Halbsextil und Halbsextil: Die beiden Halbsextile des Planeten von B zu den beiden Planeten von A, die durch ein Sextil miteinander verbunden sind, bewirken eine intensive Weiterentwicklung. Hier wirken wie bei der Konjunktion zwei gleiche Aspekte auf A, was bedeutet, daß die Qualität des Sextils in dem Horoskop von A erhalten bleibt.

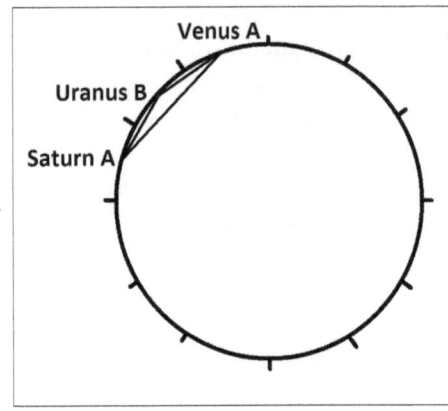

In diesem Fall regt B A an, die Gemeinschaften, in denen sich A befindet, weiterzuentwickeln.

Falls die Planeten von A Venus und Saturn sind und der Planet von B der Uranus ist, wird B einen ständigen Druck (Halbsextil) auf A ausüben, daß dieser seine dauerhaften (Saturn) Gefühle (Venus) und somit auch seine Beziehungen (Venus/Saturn) weiterentwickelt.

B wird seinerseits durch die beständigen (Saturn) Gefühle (Venus) von A fasziniert sein (Uranus) – auch wenn er die Gefühle (Venus) von A vermutlich für ein bißchen unbeweglich (Saturn) halten und ein wenig chronisch (Saturn) finden wird.

- Quincunx und Quincunx: Die beiden Quincunxe des Planeten von B zu den beiden Planeten von A, die durch ein Sextil miteinander verbunden sind, bewirken eine ständige Überprüfung, Heilung und „NeuSpannung" der Gemeinschaften, in denen A ein Mitglied ist.

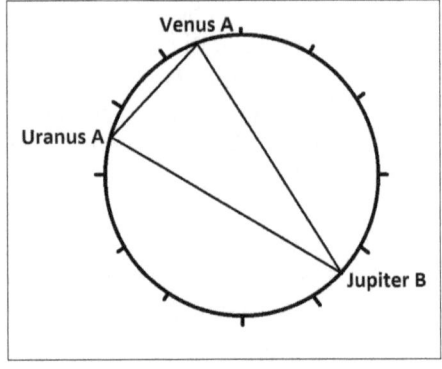

Auch hier wirkt derselbe Aspekt von B aus auf die beiden Sextil-Planeten von A und stärkt somit deren Zusammenhalt.

Wenn die beiden Planeten von A die Venus und der Uranus sein sollten, hat A extrem bewegliche (Uranus) Gefühle (Venus).

Falls hier der Jupiter von B hinzukommt, wird B vermutlich den Impuls haben, ein wenig Systematik und Zielstrebigkeit (Jupiter) und in die aus seiner Sicht chaotischen (Uranus) Gefühle (Venus) von A zu bringen.

B wird seinerseits ständig durch die vielen spontanen (Uranus) Gefühle

(Venus) von B angeregt (Quincunx), seine eigenen Ziele und seinen eigenen Lebensentwurf (Jupiter) noch einmal daraufhin zu überprüfen, ob dieser Entwurf wirklich der bestmögliche Entwurf für sein eigenes Leben ist.

Es findet sich auch bei allen Aspektgefügen, die bei einem Sextil in dem Geburtshoroskop von A möglich sind, wieder eine Verstärkung der Eigenschaften des Sextils in dem Geburtshoroskop von A.

Es ist beachtlich, daß sich hier eine solche vollständige und gründliche astrologische Begründung für das Prinzip „Alle Menschen sind Spiegel füreinander." findet. Dieses Prinzip leitet sich in der Partnerhoroskop-Astrologie letztlich aus der Qualität der sieben Aspekte und ihrer Anordnung im Tierkreis ab.

III 1. d) Aspekte zu einem Quadrat

Der Planet von B, der Aspekte zu den beiden Planeten von A hat, die durch ein Quadrat miteinander verbunden sind, steht stets einem der Planeten von A zur Seite, während er mit dem anderen meistens Schwierigkeiten hat. Die beiden Aspekte von dem Planeten von B zu den beiden Planeten von A sind stets eine „Mischung", d.h. ein ruhiger, zusammenfügender Aspekt (Konjunktion, Sextil, Trigon, Opposition) und ein unruhiger, auseinanderhaltender Aspekt (Halbsextil, Quadrat, Quincunx).

Es ist daher nicht möglich, für das Quadrat im eigenen Horoskop einen Ruhepol oder gar eine Lösung im Außen bei einem anderen Menschen zu finden. Das Quadrat mit seiner Freiheitsliebe und seinem Verlangen nach Weite bleibt stets erhalten. Daher muß jeder selber für sich ein klares Verhältnis zur Abgrenzung, zum Beenden und zum Kampf, also zu den Fähigkeiten des Quadrates finden.

Die sechs möglichen Aspektkombinationen eines Planeten von B zu den beiden durch ein Quadrat verbundenen Planeten von A sind im Folgenden aufgelistet, wobei die trennenden Aspekte wieder *kursiv* gedruckt sind:

> 2x Konjunktion und *Quadrat*: Einheit und Trennung
> 2x Opposition und *Quadrat*: Schwingen und Trennung
> 2x Sextil und *Halbsextil*: Gemeinschaft und Weiterentwicklnug
> 2x Trigon und *Halbsextil*: Freundschaft und Weiterentwicklung
> 2x Sextil und *Quincunx*: Gemeinschaft und Veränderung
> 2x Trigon und *Quincunx*: Freundschaft und Veränderung

Die zwölf möglichen Aspekt-Kombinationen, die ein Planet von B zu den beiden Planeten von A, die durch ein Quadrat verbunden sind, haben kann, sind:

45

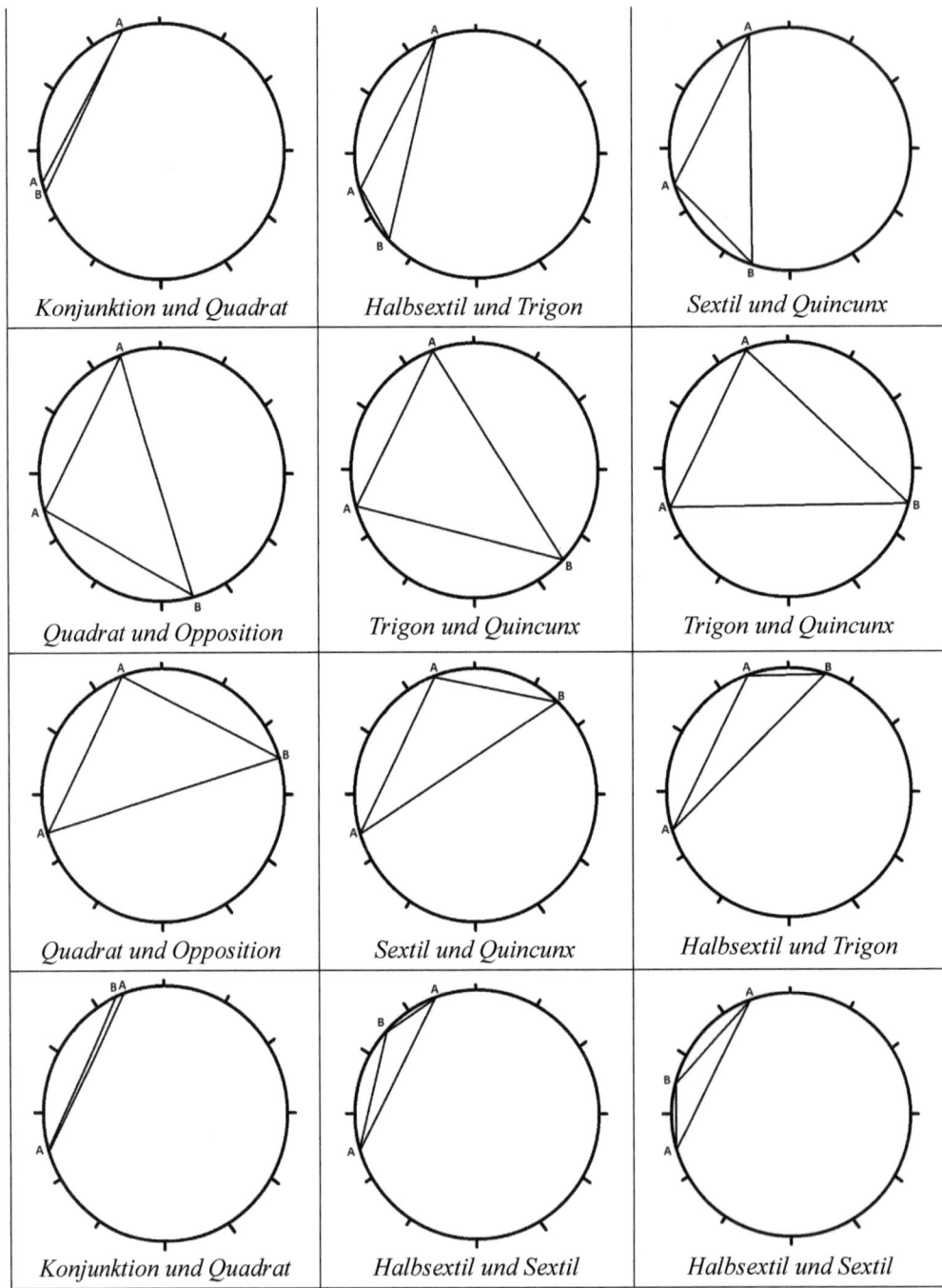

Konjunktion und Quadrat	*Halbsextil und Trigon*	*Sextil und Quincunx*
Quadrat und Opposition	*Trigon und Quincunx*	*Trigon und Quincunx*
Quadrat und Opposition	*Sextil und Quincunx*	*Halbsextil und Trigon*
Konjunktion und Quadrat	*Halbsextil und Sextil*	*Halbsextil und Sextil*

Die große Spannung zwischen den beiden Aspekten, die von dem Planeten von B zu den beiden Planeten von A führen, ist deutlich erkennbar. Diese Spannung liegt in dem Wesen des Quadrates zwischen den beiden Planeten von A begründet, die dazu führt, daß die beiden Aspekte, die von dem Planet von B zu den beiden Planeten von A führen, sehr verschieden sind – schließlich ist das Quadrat das Trennende, Teilende, Verkantende, Festigende und Spannende.

Da diese sechs möglichen Aspekt-Kombinationen zwischen den beiden Planeten von A und dem Planet von B einen großen Teil der Schwierigkeiten in Partnerhoroskopen ausmachen, werden sie hier ein wenig genauer und ausführlicher beschrieben.

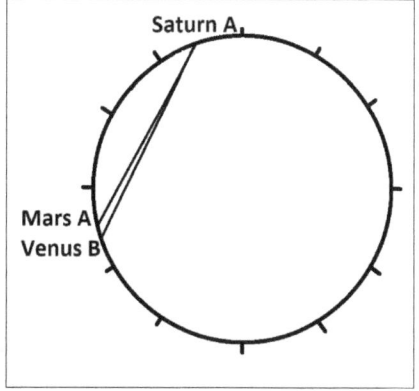

- <u>Konjunktion und Quadrat</u>: Der Planet von B, der in Konjunktion mit dem Planet von A steht, verstärkt und unterstützt diesen Planeten von A. Wenn der Planet von B z.B. die Venus ist und der Planet von A der Mars, dann freut (Venus) sich B über die Handlungen und vermutlich auch die Sexualität (Mars) von A.

Angenommen, der zweite Planet in dem Quadrat von A ist der Saturn. Dann hätte auch die Venus von B ein Quadrat zu dem Saturn von A. Das würde bedeuten, daß sich B ständig in ihrem Gefühlsausdruck (Venus) von A eingeschränkt (Saturn) fühlt.

Diesen Widerspruch – also die Freude (Venus) von B über die Taten (Mars) von A und das Leiden von B an den Einschränkungen (Saturn) seiner Gefühle (Venus) durch A – finden sich auch zwischen den Taten (Mars) und den Prinzipien (Saturn) von A wieder. A hält sich bei seinem Handeln (Mars) nie an Prinzipien (Saturn), sondern handelt (Mars) entweder unabhängig (Quadrat) von seinen Prinzipien (Saturn) oder versucht mit seinem Handeln (Mars) alle Grenzen (Saturn) zu überwinden (Quadrat).

Um ein Funktionieren und eine gewisse Effektivität in diese astrologische Konstellation zu bringen, ist es zum einen notwendig, daß A seinen eigenen Charakter – also hier vor allem sein Handeln (Mars) gegen die Regeln (Saturn) – bejahen kann, und daß B die Freiheit im Handeln, die sich A nimmt, ebenfalls gut finden kann und als etwas Bereicherndes erlebt.

Weiterhin müssen A und B einen Umgang damit finden, daß die Gefühle (Venus) von B den Prinzipien (Saturn) von A im Wege stehen – und ebenso die Prinzipien (Saturn) von A den Gefühlen (Venus) von B im Wege stehen. Im Grunde ist es notwendig, daß A die Reichweite seiner Prinzipien (Saturn) auf sich selber beschränkt und daß B nicht mit seinen Gefühlen (Venus) die Richtlinien (Saturn) von A verändern will.

Wie bei allen Quadraten liegt die Lösung immer in der Freiheit, die man sich – wenn es sich um ein Geburtshoroskop handelt – selber nimmt oder die man – wenn es sich um ein Partnerhoroskop handelt – sowohl sich selber nimmt als auch sich gegenseitig gewährt.

Der konstrutuive Umgang mit Quadraten erfordert stets eine gewisse charakterliche Reife, d.h. vor allem ein gewisses Maß an Eigenständigkeit.

- <u>Quadrat und Opposition</u>: Wie bei dem vorigen Aspektgefüge (Quadrat – Konjunktion/ Quadrat) hat auch dieses Aspektgefüge (Quadrat – Opposition/Quadrat) eine gleichzeitig trennende und verbindende Qualität.

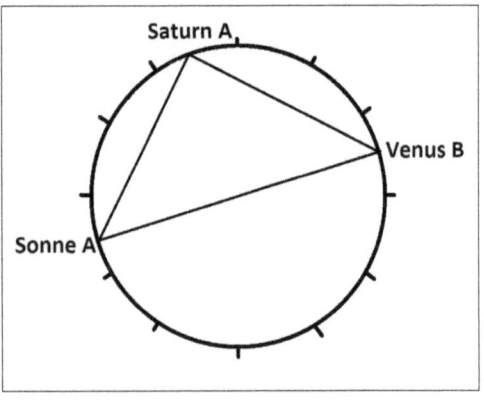

Es könnte z.B. die Sonne von A in einem Quadrat zu dem Saturn von A stehen. Dann würde A sein Selbstbild (Sonne) stets unabhängig oder sogar im Widerspruch zu seinem Weltbild (Saturn) ausbilden – ein Revolutionär.

Die Venus von B würde dann z.B. im Quadrat zu dem Saturn von A stehen sowie in Opposition zu der Sonne von A.

Die Oppostion ist durchaus eine Form der Verbindung – bei der Konjunktion steht man nebeneinander und schaut auf die Welt, bei der Opposition steht man einander gegenüber und schaut sich gegenseitig an. Bei der Opposition schwingt die Aufmerksamkeit zwischen A und B hin und her, d.h. mal geht es um den Selbstausdruck (Sonne) von A und mal um die Gefühle (Venus) von B. Beides bezieht sich aufeinander und bereichert sich gegenseitig. Eine Opposition ist eine dynamische Verbindung – im Gegensatz zu der statischen Verbindung der Konjunktion.

Die Trennung (Quadrat) der Gefühle von B (Venus) von den Prinzipien von A (Saturn) bleibt dieselbe wie in dem vorigen Beispiel – und ebenfalls die Lösung dieses potentiellen Konflikts durch das gegenseitige Gewähren von Freiheit.

Durch die Opposition (statt der Konjunktion) ist dieses Aspektgefüge deutlich bewegter als das vorige Aspektgefüge.

- <u>Halbsextil und Sextil</u>: Bei dieser Konstellation steht der Planet von B zwischen den beiden Planeten von A.

Der Planet von B ist über das Sextil lose mit dem einen Planeten von A verbunden und bildet manchmal mit ihm eine Gemeinschaft, die ein bestimmtes Projekt durchführt. Mit dem anderen Planeten von A ist der Planet von B durch ein Halbsextil verbunden, d.h. diese beiden Planeten können sich in Krisenzeiten bei der Rückbesinnung helfen und sich in anderen Zeiten zur Weiterentwicklung anregen.

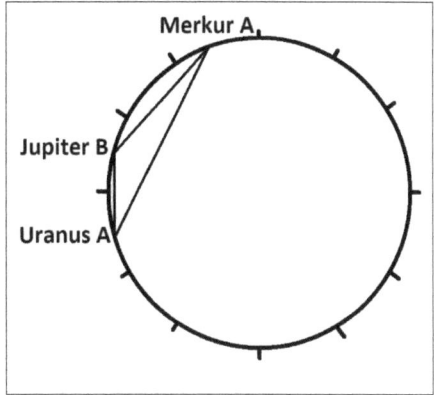

Angenommen, der Planet von B ist der Jupiter und der Planet von A, mit dem er durch ein Sextil verbunden ist, ist der Merkur, während der andere Planet von A der Uranus ist, dann wäre dies offenbar ein Aspektgefüge, in dem es um Denken (Merkur), Koordination (Jupiter) und Intuition (Uranus) geht, also um Erkenntnisvorgänge.

Der Jupiter von B wäre zunächst einmal damit beschäftigt, dem Merkur von A dabei zu helfen, seine Gedanken besser zu ordnen, Übersicht zu erhalten, sie auf nützliche Themen auszurichten, zielstrebig im Denken, Reden und Schreiben zu werden usw. (Sextil). Ob sich A über diese Hilfe freut, bleibt zunächst einmal offen, aber in der Regel wird dies der Fall sein, da das Sextil ein freundlicher und verbindender Aspekt ist.

A könnte generell ein Problem mit der Spannung des Quadrats zwischen Merkur und Uranus haben: Er denkt nichts zu Ende, hat mehr Ideen als er sortieren kann, ist nicht in allen Dingen wirklich logisch usw. Möglicherweise leidet er unter seinem Gedankenchaos, aber vielleicht hat er auch einfach Spaß an seiner quirligen Art mit dem Denken umzugehen.

Der Jupiter von B kann dem Uranus von A immer wieder einmal über das Halbsextil Rückhalt geben oder dem Uranus Themen vorlegen, bei denen eine gute Idee gebraucht wird.

In diesem Aspektgefüge (Quadrat – Halbsextil/Sextil) ist die Spannung kleiner als in dem vorigen Aspektgefüge (Quadrat – Konjunktion/Quadrat). Das, was hier benötigt wird, ist zum einen der entspannte Umgang von A mit der Trennung von Logik (Merkur) und Intuition (Uranus) in ihm selber, d.h. er muß erkennen können, in welcher Situation er seine Logik und in welcher er seine Intuition braucht. Zum anderen wird von B die Einsicht gebraucht, daß er das Denken und vor allem die Intuition von A niemals vollständig lenken

49

und „sinnvoll" ausrichten (Jupiter) kann. B benötigt also nur ein wenig Zurückhaltung und Geduld, um mit diesem Aspektgefüge umgehen zu können.

- <u>Halbsextil und Trigon</u>: Wenn der Planet von B außerhalb des Quadrates von B steht und wie zuvor ein Halbsextil zu einem der beiden Planeten von A hat, dann hat er zu dem anderen Planeten von A ein Trigon.

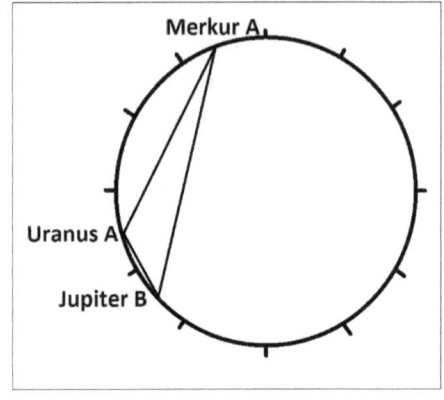

Dieses Aspektgefüge (Quadrat – Halbsextil/Trigon) ist dem vorigen Aspektgefüge (Quadrat – Halbsextil/Sextil) sehr ähnlich. Der einzige Unterschied besteht darin, daß die Bindung durch ein Trigon beständig ist, während die Bindung in einem Sextil nur bei Bedarf aktiviert wird.

Wenn man hier dieselben Planeten wie in dem vorigen Beispiel nimmt, wird der Jupiter von B fest mit dem Merkur von A verbunden (Trigon), d.h. B übernimmt oft die Leitung des Gespräches, klärt die gemeinsamen Ziele, achtet auf die Effektivität und die Zielstrebigkeit usw. Die Anregung der Intuitionen (Uranus) von A durch B sowie der Rückhalt und den Rahmen (Jupiter), den B den Intuitionen (Uranus) von A bietet, bleibt jedoch derselbe.

- <u>Sextil und Quincunx</u>: Hier findet sich das gemeinschaftsbildende Sextil und das erneuernde Quincunx als die beiden Aspekte, durch die der Planet von B mit den beiden Planeten von A verbunden ist.

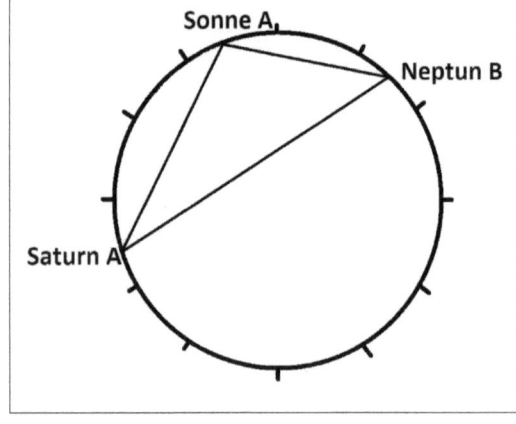

Diese Konstruktion kann man anhand des folgenden Beispiels betrachten: Der Neptun von B ist mit einem Sextil mit der Sonne von A und mit einem Quincunx mit dem Saturn von A verbunden.

A hat also in seinem Geburtshoroskop ein Sonne/Saturn-Quadrat. Das bedeutet, daß er sich durch das Schicksal und die allgemeinen Regeln

(Saturn) in seinem Selbstausdruck (Sonne) stark eingeschränkt fühlen könnte. Dies kann soweit gehen, daß er die Welt als seinen Feind und als ein Gefängnis erlebt. Allerdings kann sich dieses Erleben auch zu einer Unabhängigkeit des Selbstausdrucks (Sonne) von allen Vorschriften und von allem Üblichen (Saturn) entwickeln. A weiß dann, wann er sich selber zuliebe eine Regel (Saturn) einhalten sollte und wann er sich am besten nicht um die Regeln scheren sollte.

Der Neptun von B bringt durch das Sextil zu der Sonne von A dem Selbstausdruck von A Unterstützung und wird auch selber durch den Selbstausdruck von A angeregt. Die Phantasie, die Religion, die Ökologie, das Sozialengagement, die Kunst und die Drogenerfahrungen (Neptun) von B zeigen dem Selbstwertgefühl, dem Selbstausdruck und dem Willen (Sonne) von A neue Möglichkeiten, das eigene Wesen (Sonne) strahlen zu lassen.

B hingegen wird durch den Selbstausdruck von A (Sonne) dazu angeregt, seine Phantasie, Religion, Ökologie, Sozialengagement, Kunst, Drogenerfahrungen usw. (Neptun) deutlich persönlicher anzugehen und zu erleben.

Das Quincunx zwischen dem Saturn von A und dem Neptun von B hat jedoch einen anderen Charakter. Das Weltbild (Saturn) von A ist zunächst einmal gegenüber den spirituellen, künstlerischen, sozialen und ökologischen Ansichten (Neptun) von B sehr skeptisch und hält sie vermutlich für weltfremde und unrealisierbare Spinnereien und Phantasiegebilde (Quincunx). Das Quincunx hat jedoch die Möglichkeit und die Neigung, durch eine tiefgehende Analyse und Auseinandersetzung den Realitätsgehalt (Saturn) z.B. der Erfahrungen mit Religion und Magie (Neptun) zu ergründen oder den praktischen Nutzen (Saturn) von Kunst (Neptun) zu erkennen. Dabei werden jedoch – gemäß dem Charakter des Quincunxes – niemals endgültige Ergebnisse entstehen, sondern immer nur vorläufige Einsichten und Lösungen.

Dieses Aspektgefüge (Quadrat – Sextil/Quincunx) bleibt also immer Arbeit – man wird mit dem Klären und Anwenden (Quincunx) niemals fertig. Allerdings muß man diesen endlosen Quincunx-Prozeß nicht unbedingt als Arbeit erleben. Das Quincunx ist auch eine Verbindung zur Welt, ein endloser Austauschprozeß mit der Welt – und kann daher auch als Geborgenheit in der Welt und als Liebe zur Welt erlebt werden.

- Trigon und Quincunx: Dieses Aspekt-Gefüge (Quadrat – Trigon/Quincunx) ist eine Variante des vorigen Aspektgefüges (Quadrat – Sextil/ Quincunx). Hier tritt lediglich ein Trigon an die Stelle des Sextils aus dem vorigen Beispiel. Das bedeutet – wenn man einmal bei denselben Planeten, also Sonne, Saturn und Neptun wie im vorigen Beispiel bleibt – daß die Sonne von A und der Neptun von B eine dauerhafte

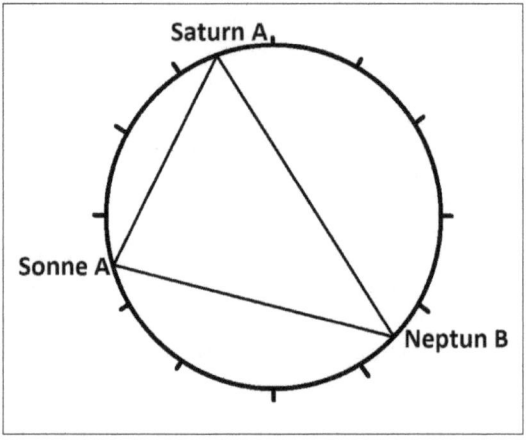

Verbindung eingehen, d.h. sie werden Freunde (Trigon).

Das führt dazu, daß die Sonne von A fest in die spirituellen, künstlerischen, sozialen und religiösen Bestrebungen (Neptun) von B eingebunden und dadurch ständig bereichert wird (Trigon). B hat hingegen in A einen Freund, der ihm hilft, seine spirituellen, künstlerischen, sozialen und religiösen Interessen (Neptun) auch wirklich als etwas Eigenes (Sonne) zu erleben.

Der Neptun von B steht weiterhin im Quincunx zu dem Saturn von A, d.h. A prüft die künstlerischen, sozialen, religiösen und ökologischen Bestrebungen von B auf ihre Machbarkeit hin und hilft sie dann evtl. auch zu verwirklichen.

III 1. e) Aspekte zu einem Trigon

Bei einem Trigon zwischen zwei Planeten im Geburtshoroskop von A hat wie bei einer Konjunktion und wie bei einem Sextil in dem Geburtshoroskop von A jeder Planet im diesem Trigon von A zwei Aspekte mit ähnlicher Qualität zu den beiden Planeten im Horoskop von B.

Die sieben verschiedenen Kombinationsmöglichkeiten der beiden Aspekte eines Planeten von B zu den beiden Planeten im Horoskop von A, die mit einem Trigon miteinander verbunden sind, sind unten aufgeführt. Die vier ersten dieser sieben Möglichkeiten sind verbindend, die drei letzten sind trennend (*kursiv* gedruckt).

2x Konjunktion und Trigon: Einheit und Freundschaft
2x Sextil und Opposition: Gemeinschaft und Schwingen
1x Sextil und Sextil: Gemeinschaft
1x Trigon und Trigon: Freundschaft

2x *Halbsextil* und *Quincunx*: Weiterentwicklung und Neuordnung
2x *Quadrat* und *Quincunx*: Trennung und Neuordnung
2x *Halbsextil* und *Quadrat*: Weiterentwicklung und Trennung

Die zwölf möglichen Aspekt-Kombinationen, die ein Planet von B zu den beiden Planeten von A, die durch ein Trigon verbunden sind, haben kann, sind:

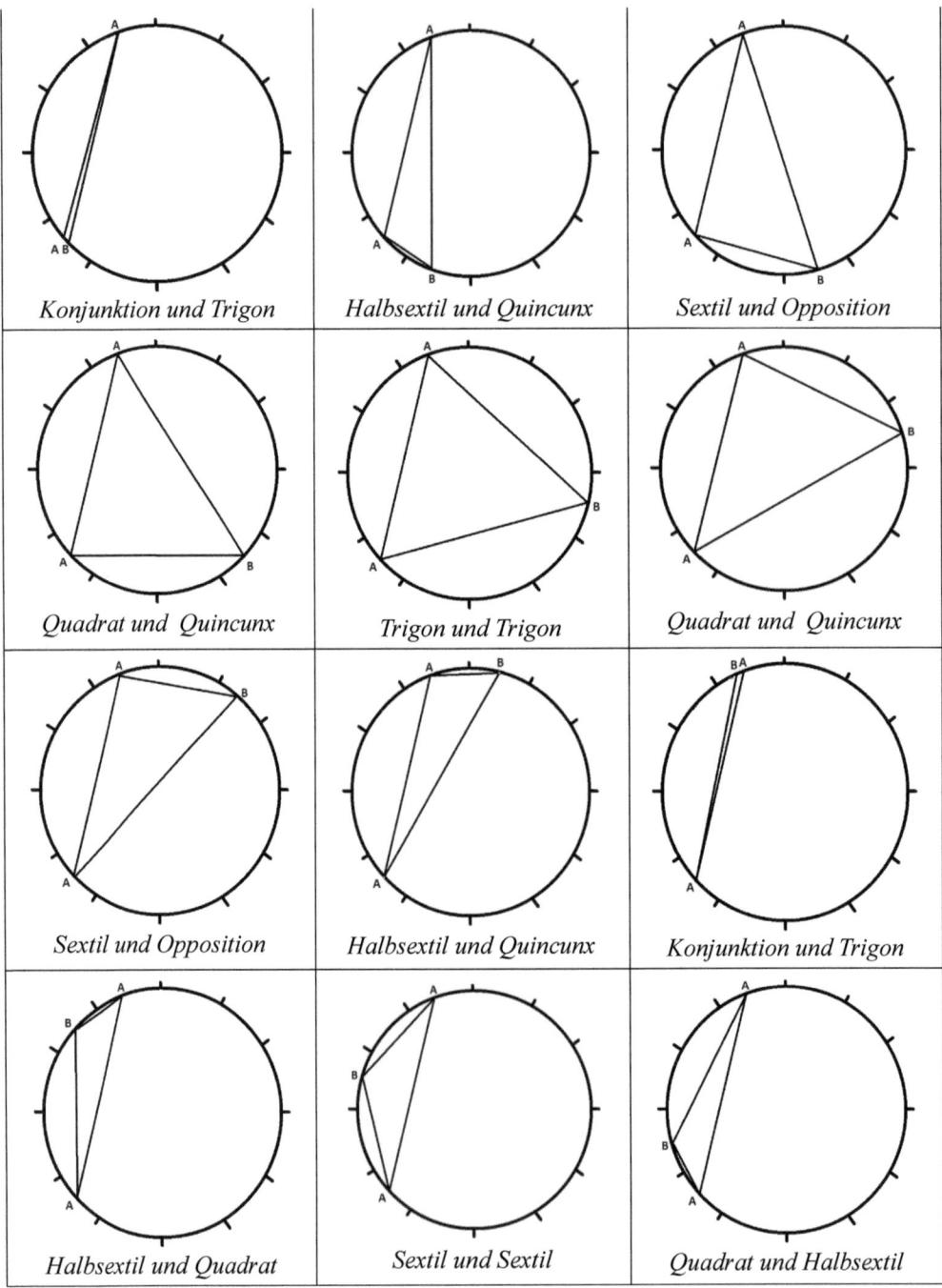

Konjunktion und Trigon	Halbsextil und Quincunx	Sextil und Opposition
Quadrat und Quincunx	Trigon und Trigon	Quadrat und Quincunx
Sextil und Opposition	Halbsextil und Quincunx	Konjunktion und Trigon
Halbsextil und Quadrat	Sextil und Sextil	Quadrat und Halbsextil

Wenn man sich die sieben möglichen Kombinationen von Aspekten eines Planeten von B zu den beiden Planeten im Geburtshorosokop von A, die mit einem Trigon verbunden sind, näher anschaut, findet man die im Folgenden beschrieben Dynamiken.

- <u>Konjunktion und Trigon</u>: Angenommen, A hat ein Trigon von seinem Jupiter zu seiner Venus und B hat seinen Merkur in Konjunktion mit der Venus von A und in einem Trigon zu dem Jupiter von A stehen.

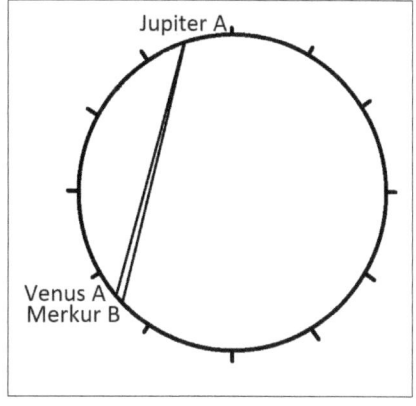

Dann bildet der Merkur von B eine Einheit mit der Venus von A, d.h. B hat das Talent, die Gefühle von A in Worte fassen zu können. Die Worte von B (Merkur) regen die Gefühle von A (Venus) an und zugleich geben die Gefühle von A (Venus) den Gedanken und Worten von B (Merkur) eine Richtung.

Das Trigon des Merkur von B zu dem Jupiter von A erschafft eine Freundschaft zwischen dem Merkur von B und dem Jupiter von A. Das bedeutet, daß A den Gedanken und Worten von B (Merkur) Sinn, Ziel und Richtung (Jupiter) gibt, während der Verstand von B (Merkur) den Ausrichtungen von A (Jupiter) hilft, eine logische und durchführbare Form zu finden.

Der Merkur von B ist somit ein guter Verbündeter für die Venus und den Jupiter von A.

- <u>Sextil und Sextil</u>: Wenn im Horoskop von A der Uranus ein Trigon zu der Venus hat, und der Jupiter von B jeweils ein Sextil zu den beiden Planeten von A hat, hilft der Jupiter von B der Person A, aus seinen vielen, spontan (Uranus) entstehenden Beziehungen (Venus) eine funktionierende Gemeinschaft zu bilden – zu der vermutlich auch B selber gehören wird.

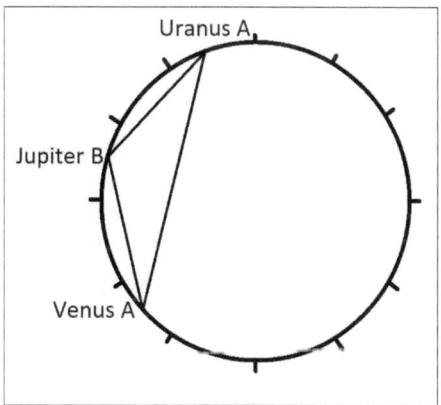

- Trigon und Trigon: Ähnlich sieht es aus, wenn A ein Trigon zwischen seiner Sonne und seinem Mars hat und B je ein Trigon von seinem Jupiter zu den beiden Planeten von A.

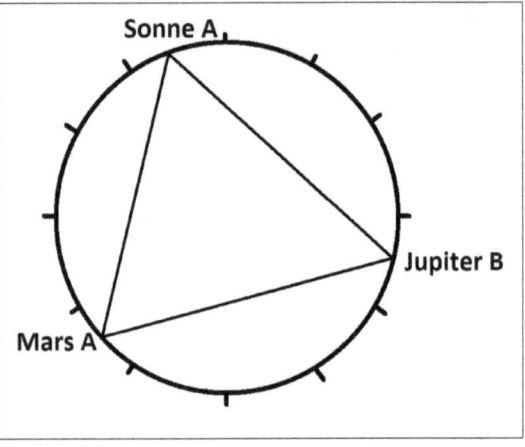

Das Trigon zwischen der Sonne und dem Mars von A führt dazu, daß A stets macht (Mars), was er will (Sonne) und sich gut behaupten und durchsetzen kann.

Der Jupiter von B hat zu beiden Planeten von A eine Freundschaft, d.h. er bringt als zusätzliche Qualität zu der strahlenden (Sonne) Kraft (Mars) von A noch die Fähigkeit hinzu, diese Kraft durch klare Ziele und eine große Organisationsfähigkeit effektiver werden zu lassen.

- Sextil und Opposition: Die Kombination eines Sextils und einer Opposition von dem Planet von B zu den beiden Planeten von A, die durch ein Trigon verbunden sind, hat eine etwas andere Dynamik als das vorige Beispiel.

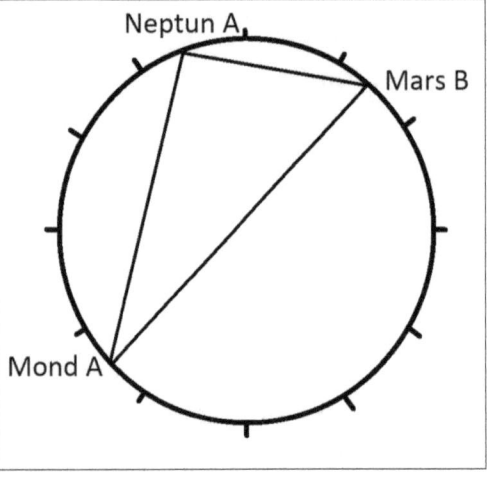

Wenn bei A der Mond mit dem Neptun durch ein Trigon verbunden sind, hat A eine große Empfindsamkeit (Mond), die sich u.a. auch in einer Begabung, Dinge telepathisch wahrzunehmen zeigen wird (Neptun).

Wenn nun B seinen Mars so stehen hat, daß er eine Opposition zu dem Mond von A und ein Sextil zu dem Neptun von A hat, wird die Kraft von B (Mars) das Gemüt von A (Mond) sozusagen zum Schwingen bringen, d.h. A ständig anregen und zu Taten motivieren. Das Sextil des Mars von B zu dem Neptun von A regt A an, u.a. seine magisch-religiösen Ambitionen (Neptun) auch in die Tat (Mars) umzusetzen, wobei B an diesen Taten mitwirken wird.

Die Verbindung von Mond (Lebenskraft) und Neptun (Grenzauflösung) führt in einem Geburtshoroskop zu der Fähigkeit, recht einfach Dinge telepathisch empfangen zu können. Wenn zu dieser Verbindung noch der Mars mit einem oder zwei Aspekten hinzukommt, wird auch die aktive Telepathie („senden") sowie das Ausüben von Telekinese wahrscheinlicher.

Es wäre interessant zu wissen, ob zwei Menschen, die das oben genannte Aspektgefüge haben, ebenfalls gemeinsam effektiver Telepathie senden und Telekinese ausüben können. Leider ist das bisher meines Wissens noch von niemandem näher untersucht worden.

- <u>Halbsextil und Quincunx</u>: Ein weiteres mögliches Aspektgefüge besteht aus einem Mars/Pluto-Trigon von A und aus einem Halbsextil von dem Mond von B zu dem Mars von A sowie aus einem Quincunx von dem Mond von B zu dem Pluto von A.

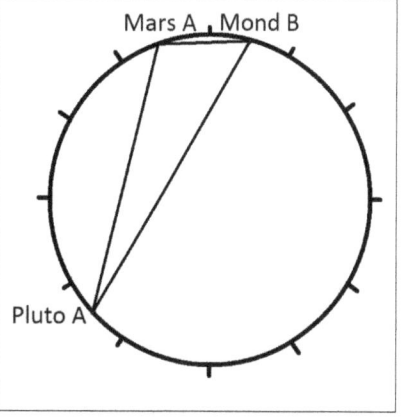

In dieser Konstellation hat B einen unruhigen Stand: Das Gemüt von B (Mond) wird durch die Tatkraft und die Sexualität von A (Mars) zur eigenen Weiterentwicklung angeregt (Halbsextil) und zugleich durch die existentiellen Überzeugungen von A (Pluto) durchgeschüttelt (Quincunx). Die Taten (Mars) von A drängen auf eine Weiterentwicklung (Halbsextil) der Gemütsverfassung (Mond) von B und die Grundüberzeugungen (Pluto) von A fordern (Quincunx) von B mit aller Vehemenz (Pluto), daß auch B in seinem Leben nicht nur so dahinplätschert, sondern sich sofort um die wesentlichen Dinge im Leben (Pluto) kümmert und „für etwas brennt" (Pluto).

Die Begegnung von B mit A ist ideal, wenn B sein Leben langweilig findet und dringend nach intensiven Erlebnissen und einer gründlichen Verwandlung von sich selber sucht.

- <u>Quadrat und Quincunx</u>: Hier ist das Aspektgefüge ein wenig holperiger als im vorigen Beispiel. Angenommen, A hat ein Merkur/Mars-Trigon und B hat von seinem Jupiter aus ein Quadrat zu dem Mars von A und ein Quincunx zu dem Merkur von A.

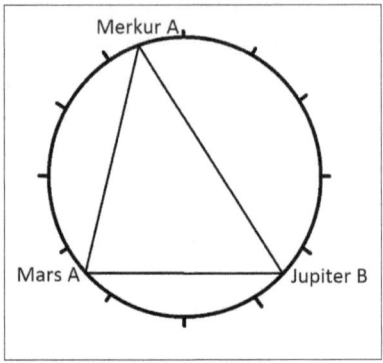

In diesem Fall ist A jemand, der gerne beim Handeln (Mars) redet (Merkur) und beim Handeln (Mars) alle möglichen Abkürzungen und interessanten Schlenker benutzt (Merkur). A kann auch nichts sagen (Merkur), ohne es nicht auch gleich in die Tat umsetzen zu wollen (Mars).

Wenn nun der Jupiter von B hinzukommt, wird B als erstes feststellen, daß dem Handeln von A (Mars) die Ziele von B (Jupiter) ziemlich egal sind (Quadrat) und A eben „sein Ding macht". Weiterhin wird B feststellen, daß A in seiner Argumention (Merkur) zwar manchmal die Ziele (Jupiter) von B erkennen und für sinnvoll halten kann (Quincunx), daß sich A jedoch immer nur kurzfristig (Quincunx) an die Abmachungen zwischen A und B hält.

B steht in Bezug auf das Reden (Merkur) und Handeln (Mars) von A stets ein wenig im Abseits (Quadrat/Quincunx). Die Organisationsfähigkeit von B (Jupiter), die durchaus vorhanden ist, findet kaum Zugang zu dem Reden (Merkur) und Handeln (Mars) von A und beeinflußt es nur sehr wenig.

- <u>Halbsextil und Quadrat</u>: Dieses Aspektgefüge hat noch einmal eine andere Dynamik als die beiden vorigen Beispiele. Wenn A ein Trigon zwischen Merkur und Saturn hat, könte der Uranus von B z.B. ein Halbsextil zu dem Merkur von A haben sowie ein Quadrat zu dem Saturn von A.

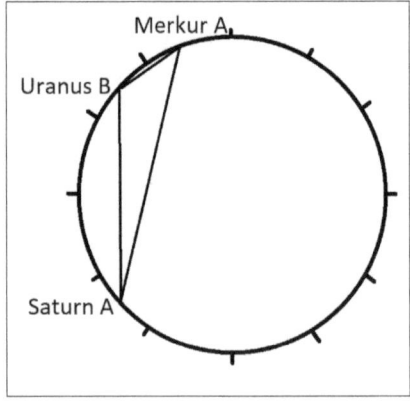

Daraus würde sich eine interessante Situation ergeben: A versucht systematisch und gut fundiert (Saturn) zu denken (Merkur), doch die Ideen (Uranus) von B funken immer wieder dazwischen und bringen das Denken von A durcheinander – wenn er sich auf die Ideen von B einläßt. Dabei drängen die Ideen von B (Uranus) das Denken von A (Merkur) dazu, neue Möglichkeiten zu sehen (Halbsextil), während die Ideen von B das

Weltbild von A (Saturn) als schlichtweg unvollständig oder gar als falsch (Quadrat) darstellen.

Hier muß B lernen, sich im Kontakt mit A ein wenig zurückzuhalten und A muß den Ideen von A genügend Raum geben. A und B haben zwei sehr verschiedene Methoden, um zu Erkenntnissen und Ansichten zu gelangen. Daher sollten beide Methoden zunächst einmal nicht vermischt werden, sondern als zwei unterschiedliche Methoden nebeneinander stehen – mal redet A logisch und B hört zu, mal redet B intuitiv und A hört zu, aber beide reden nicht gleichzeitig oder gar gegeneinander.

Das einander anregende Nebeneiander dieser beiden Methoden kann durchaus sehr kreativ sein, wenn beide diese beiden Methoden klar unterscheiden, diese Methoden verstehen, beiden Methoden Raum geben und sie nicht miteinander vermischen. Wie gesagt: anspruchsvoll, aber mit großem Potential.

Auch hier findet sich wieder der Effekt, daß die beiden Aspekte, die von B aus zu den beiden Planeten in dem Trigon von A führen, der Person A deren Charakter auf verschiedene Weisen spiegeln. B hat in Bezug auf A stets einen in sich schlüssigen Standpunkt für die Spiegelung des Charakters von A.

In den vier ersten oben angeführten Aspektgefügen, die aus jeweils zwei harmonischen Aspekten bestehen, ist B für A sozusagen ein „Licht-Spiegel", d.h. er verstärkt die Eigenschaften von A und fördert die Stärken von A. Bei den drei letzten Aspektgefügen, bei denen B jeweils zwei trennende Aspekte zu den beiden Planeten von A hat, ist B für A gewissermaßen ein „Schatten-Spiegel", der A die Fehler, Irrtümer, Einseitigkeiten und andere Mißstände auf bisweilen drastische Weise deutlich macht.

III 1. f) Aspekte zu einem Quincunx

Wenn A ein Quincunx zwischen zwei Planeten hat, sind für einen Planet von B sechs verschiedene Paare von Aspekten zu den beiden Planeten von A möglich. Diese Aspekt-Paare enthalten jeweils einen verbindenden und einen trennenden Aspekt. Der Übersichtlichkeit halber stehen die trennenden Aspekte in der folgenden Übersicht immer an zweiter Stelle und sind *kursiv* gedruckt. Alle diese Aspekte kommen je zweimal vor.

2x Konjunktion und *Quincunx*: Einheit und Neuformung
2x Sextil und *Quincunx*: Gemeinschaft und Neuformung
2x Sextil und *Quadrat*: Gemeinschaft und Trennung
2x Trigon und *Quadrat*: Freundschaft und Trennung
2x Trigon und *Halbsextil*: Freundschaft und Weiterentwicklung
2x Opposition und *Halbsextil*: Schwingen und Weiterentwicklung

Die zwölf möglichen Aspekt-Kombinationen, die ein Planet von B zu den beiden Planeten von A, die durch ein Quincunx verbunden sind, haben kann, sind:

60

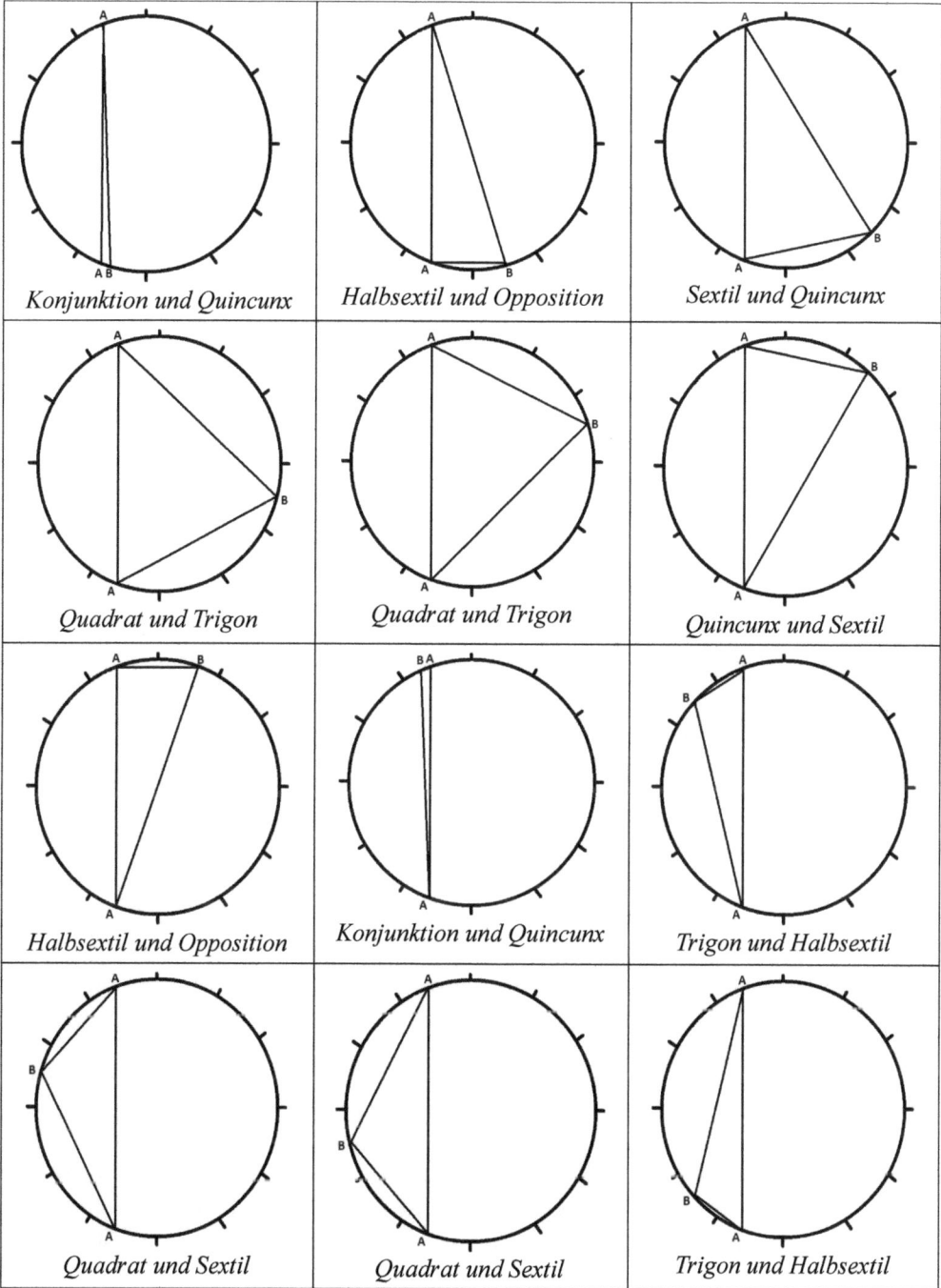

Konjunktion und Quincunx   Halbsextil und Opposition   Sextil und Quincunx

Quadrat und Trigon   Quadrat und Trigon   Quincunx und Sextil

Halbsextil und Opposition   Konjunktion und Quincunx   Trigon und Halbsextil

Quadrat und Sextil   Quadrat und Sextil   Trigon und Halbsextil

61

Der Charakter dieser sechs Aspektgefüge wird deutlicher, wenn man ihn mithilfe von konkreten Beispielen betrachtet.

- Konjunktion und Quincunx: Wenn A z.B. den Mars und den Jupiter in einem Quincunx stehen hat, kann z.B. der Uranus von B eine Konjunktion zu dem Jupiter von A und ein Quincunx zu dem Mars des A haben.

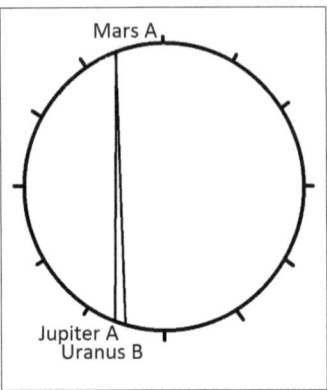

Aufgrund seines Mars/Jupiter-Quincunxes muß A ständig nach neuen Zielen und Organisationsformen (Jupiter) für sein Handeln (Mars) suchen.

Der Uranus von B, der in Konjunktion mit dem Jupiter von A steht, hilft dem Jupiter, immer wieder schnell neue Ziele und Organisationsmöglichkeiten zu finden, die den Mars von A dann wieder handlungsfähig machen – auch wenn A andererseits auch immer wieder einmal durch die Ideen von B (Uranus) irritiert sein kann.

- Sextil und Quadrat: Wenn der Mond von A in einem Quincunx zu dem Pluto von A steht, hat A das Problem, immer wieder neu nach Bildern für sein Gemüt, nach passenden Kontakten und nach einer Nähe-Heimat für sich selber (Mond) zu suchen (Quincunx), die wirklich das Essentielle und Existentielle von A (Pluto) ausdrücken. Wenn die Ordnung und die Spannung zwischen Mond und Pluto wiederhergestellt worden ist (Quincunx), lebt und erlebt (Mond) A alle Dinge mit einer sehr großen Intensität (Pluto).

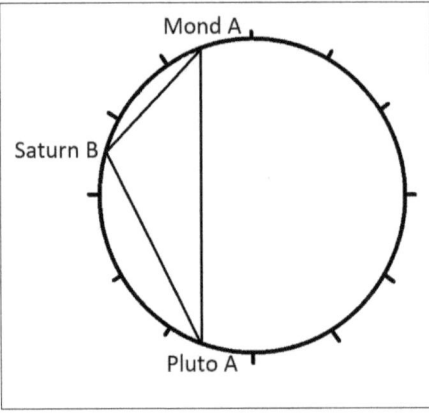

B könnte seinen Saturn so in seinem eigenen Geburtshoroskop stehen haben, daß er ein Sextil zu dem Mond von A und ein Quadrat zu dem Pluto von A hat. In diesem Fall wird B Sicherheit (Saturn) in der Nähe (Mond) zu A suchen und diese auch immer wieder finden können (Sextil). Diese Sicherheit (Saturn) in der Nähe (Mond) von B zu A wird jedoch ständig dadurch gestört, daß die Grundüberzeugungen (Pluto) von A stets dem Sicherheitsbedürfnis (Saturn) von B wiedersprechen.

Es könnte daher sein, daß B an der Unstetigkeit von A (Saturn von B im Quadrat zu Pluto von A) verzweifelt, aber trotzdem immer wieder die Sicherheit (Saturn) im Kontakt (Mond) zu A sucht. Dieses Problem scheint sich zwar – durch die traditionelle Rollenverteilung bedingt – häufiger bei Frauen zu finden, aber es ist trotzdem auch bei Männern keineswegs unbekannt.

Die Lösung für B wäre, die Nähe (Mond) zu A zu genießen und statt nach sicherer Beständigkeit (Saturn) des Kontaktes (Mond) zu streben, den Augenblick zu nutzen und auf den Wandel in eine gute Richtung (Quincunx) zu vertrauen.

- <u>Sextil und Quincunx</u>: Dieses Aspektgefüge ist ähnlich wie das vorige. Statt einem Sextil und einem Quadrat hat B zu den beiden Planeten von A jedoch ein Sextil und ein Quincunx.

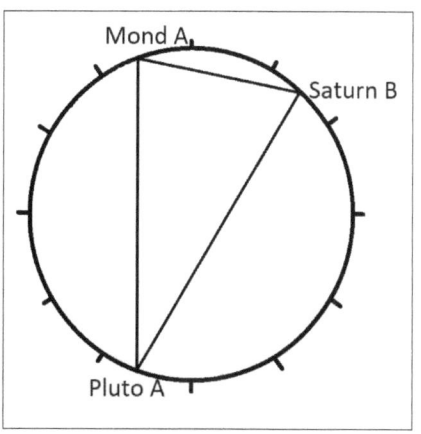

Wenn man dasselbe Planeten-Beispiel wie eben benutzt, hat der Saturn von B wieder ein Sextil zu dem Mond von A, aber kein Quadrat, sondern ein Quincunx zu dem Pluto von A. Das bedeutet, daß A und B immer wieder damit beschäftigt sind, die Grundüberzeugungen von A (Pluto) und die Prinzipien von B (Saturn) miteinander in Einklang zu bringen – was gemäß dem Charakter des Quincunxes zwar möglich ist, aber niemals von Dauer ist, sondern immer wieder neu erschaffen werden muß.

- <u>Trigon und Quadrat</u>: Die beiden im Quincunx stehenden Planeten von A haben ein Trigon und ein Quadrat zu dem Planeten von B.

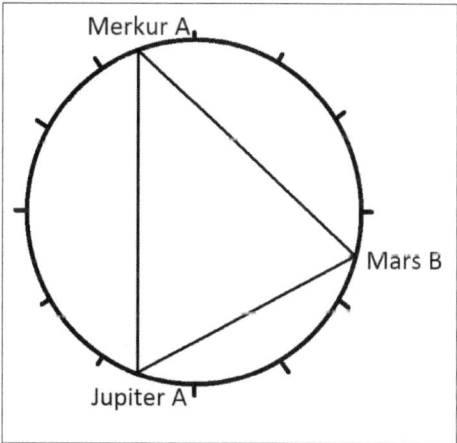

Wenn der Mars von B ein Trigon zu dem Merkur von A hat sowie ein Quadrat zu dem Jupiter von A, dann hat A zunächst einmal wegen seinem Merkur/Jupiter-Quincunx die Daueraufgabe, sich immer wieder in seinem Denken und Reden (Merkur) auf das derzeit Sinnvolle (Jupiter) zu besinnen (Quincunx).

Dabei hilft der Mars von B dem Merkur von A, indem er mithilfe des Trigons zwischen den beiden Planeten die Worte (Merkur) von A in Taten (Mars) umsetzt und zudem den Gedanken von A durch das Verlangen von B (Mars) eine Richtung gibt.

Die Pläne von A (Jupiter) findet B aufgrund des Quadrates von seinem Mars zu dem Jupiter von A sehr oft störend: Die Ziele (Jupiter) von A passen nicht zu dem, was B tun will (Mars). Hier müssen A und B einander Raum geben und sich gegenseitig freilassen.

- Trigon und Halbsextil: Die beiden im Quincunx stehenden Planeten von A haben ein Trigon und ein Halbsextil zu dem Planet von B.

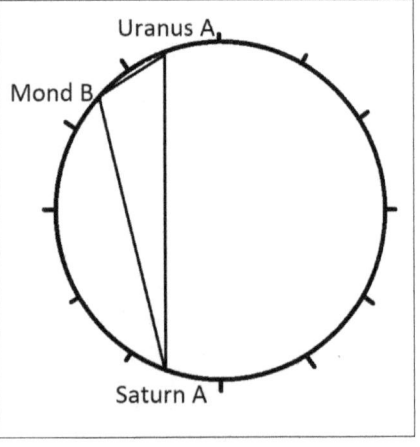

Wenn die beiden Planeten von A der Saturn und der Uranus sind, hat A ständig damit zu tun, das Gewöhnliche (Saturn) und das Ungewöhnliche (Uranus) miteinander zu integrieren.

Wenn nun der Mond von B ein Trigon zu dem Saturn von A hat, wird B ständig bei A Halt suchen und durch die Beständigkeit von A (Saturn) sein eigenes Gemüt (Mond) stabilisieren.

Dabei wird B jedoch immer wieder durch die vielen verrückten Ideen von A (Uranus) gestört, die B dazu zwingen, sich sehr häufig wieder einmal auf etwas Neues einzustellen und sein Verhältnis zu A weiterzuentwickeln (Halbsextil).

- Halbsextil und Opposition: Schließlich gibt es noch die Möglichkeit, daß B eine Opposition und ein Halbsextil zu den beiden im Quincunx zueinander stehenden Planeten von A hat.

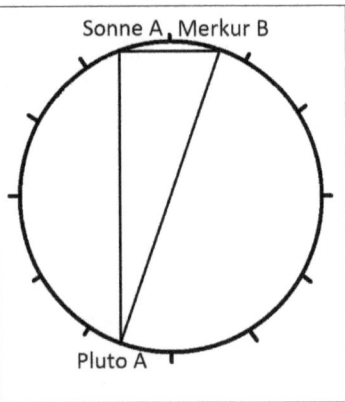

Wenn die beiden Planeten von A die Sonne und der Pluto sind, muß A immer wieder nach jedem größeren Ereignis sein Selbstbild und seinen Willen (Sonne) neu greifen und formulieren (Quincunx) und mit den existentiellen Dingen im Leben (Pluto) in Einklang bringen. A lebt also in einer ständigen Verwandlung

(Quincunx), durch die er sich selber (Sonne) immer wieder einmal weiterent-wickelt (Quincunx) und dadurch ständig in Kontakt mit dem Wesentlichen (Pluto) bleibt.

Zu dieser Konstellation kommt nun ein Planet von B hinzu. Wenn dies der Merkur sein sollte und dieser eine Opposition zu der Sonne von A hat, werden die Worte von B (Merkur) – wenn A ihnen zuhört – immer wieder Reaktionen in A hervorrufen, die ihm helfen, sich weiterzuentwickeln. Diese Weiterent-wicklung geschieht nicht, indem A das verinnerlicht (Sonne), was B sagt (Merkur), sondern dadurch, daß die Worte (Merkur) von B oftmals die gegen-teilige Reaktion oder das Ergänzende zu dem, was B sagt, in A auslösen. Die Opposition löst einen Austausch, ein Schwingen, eine Polarisierung zwischen dem Selbstwertgefühl von A (Sonne) und den Erkenntnissen von B (Merkur) aus.

Das Halbextil von dem Merkur von B zu dem Pluto von A regt A auch an, seine Grundüberzeugungen (Pluto) neu anzusehen – was von A aufgrund des Halbsextils oftmals als Störung und als eine von außen (d.h. von B) auf ihn zukommende Aufforderung erlebt wird.

Auch bei einem Quincunx im Horoskop von A hat jeder Planet von B immer einen verbindenden und einen trennenden Aspekt zu den beiden Planeten von A. A kann folglich in keinem Planeten von B eine umfassende „Ruhe" finden und auf diese Weise sein möglicherweise vorhandenes Problem mit seinem Quincunx lösen.

Auch bei einem Quincunx im Horoskop von A kann B für A immer nur ein Spiegel sein, der A zeigt, wie A selber ist.

III 1. g)   Aspekte zu einer Opposition

Bei einer Opposition im Geburtshoroskop von A kann ein Planet von B nur in vier verschiedenen möglichen Aspektgefügen zu den beiden Planeten von A stehen. Dies sind:

2x   Konjunktion und Opposition: Einheit und Schwingen
4x   Sextil und Trigon: Gemeinschaft und Freundschaft

4x   *Halbsextil* und *Quincunx*: Weiterentwicklung und Neuformierung
2x   *Quadrat* und *Quadrat*: Trennung

Die zwölf möglichen Aspekt-Kombinationen, die ein Planet von B zu den beiden Planeten von A, die durch eine Opposition verbunden sind, haben kann, sind:

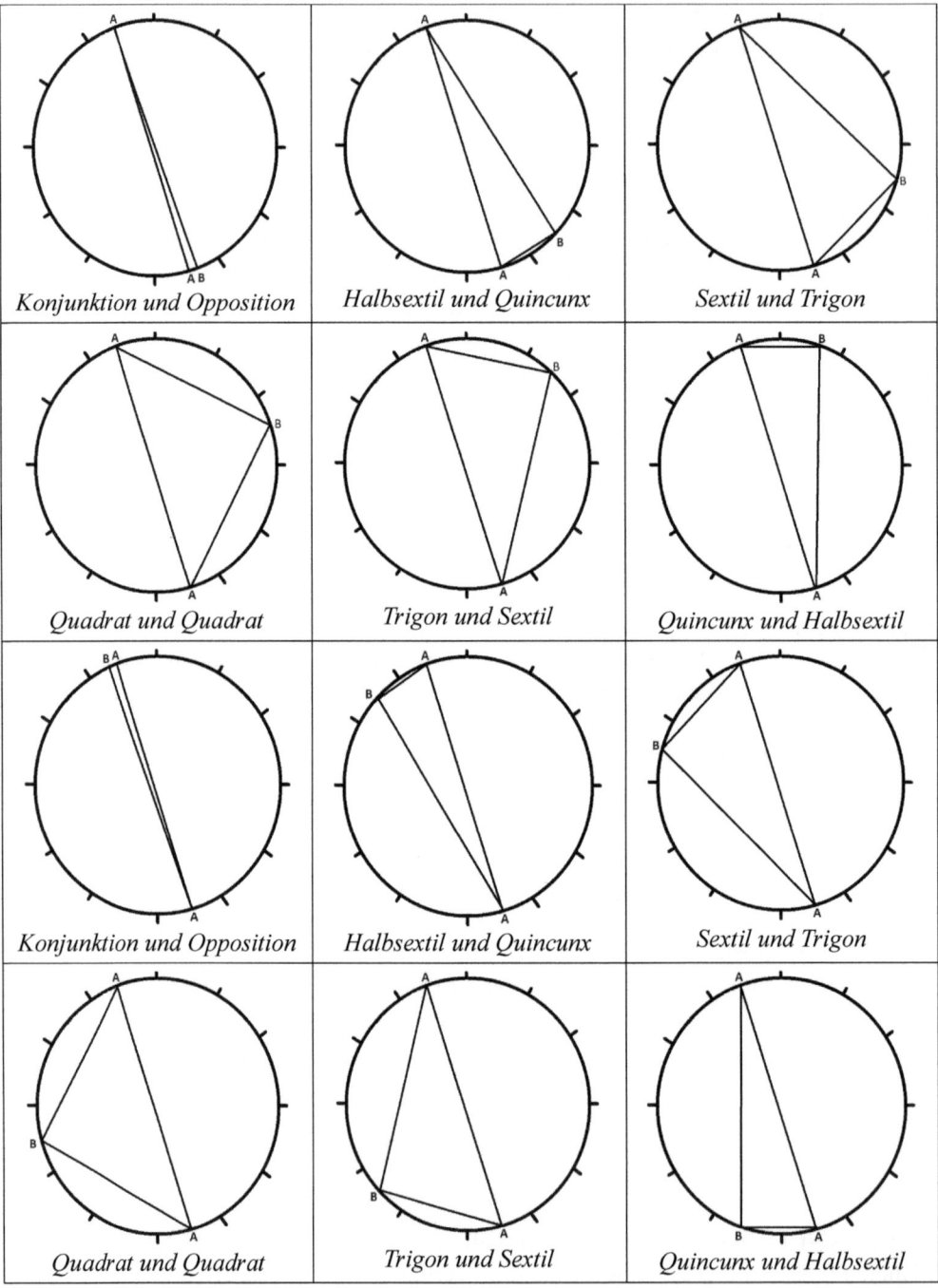

Konjunktion und Opposition	*Halbsextil und Quincunx*	*Sextil und Trigon*
Quadrat und Quadrat	*Trigon und Sextil*	*Quincunx und Halbsextil*
Konjunktion und Opposition	*Halbsextil und Quincunx*	*Sextil und Trigon*
Quadrat und Quadrat	*Trigon und Sextil*	*Quincunx und Halbsextil*

Diese Aspektgefüge werden deutlicher, wenn man sie anhand von konkreten Bei-spielen betrachtet.

- Konjunktion und Opposition: Wenn der Mond und der Mars von A in einer Opposition stehen, könnte der Merkur von B in Konjunktion mit dem Mond von A und in Opposition zu dem Mars von A stehen.

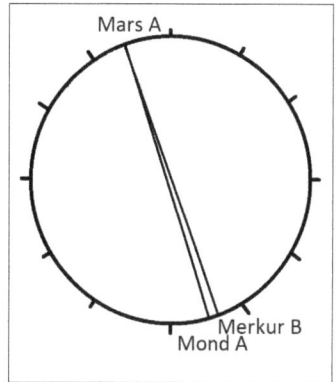

Zunächst einmal müßte A lernen, alleine zwischen Gemüt (Mond) und Tat (Mars) sowie in Beziehungen zwischen Nähe (Mond) und Sex (Mars) hin und her zu schwingen.

Da der Merkur von B in Konjunktion mit dem Mond von A steht, fühlt sich A stets von den Worten von B (Merkur) berührt (Mond) und verstanden.

Die Worte von B (Merkur) bilden jedoch den Gegenpol zu den Taten von A (Mars), d.h. es gibt in der Beziehung zwischen A und B einen rhythmischen Wechsel von gemütvollem (Mond) Sprechen (Merkur) und Handeln (Mars).

- Halbsextil und Quincunx: Bei einer Opposition von zwei Planeten von A könnte ein Planet von B auch ein Halbsextil und ein Quincunx zu den beiden Planeten von A haben.

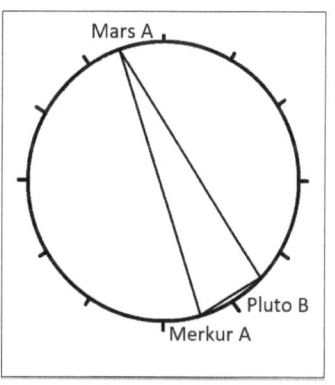

Wenn die beiden Planeten von A der Merkur und der Mars sind, gibt es bei A einen rhythmischen Wechsel zwischen Denken und Reden (Merkur) einerseits und Handeln (Mars) andererseits.

Der Pluto von B könnte ein Halbsextil zu dem Merkur von A haben. Das würde bedeuten, daß B ständig A zeigt, daß er etwas Wesentliches (Pluto) nicht mitbedacht hat (Merkur) und deshalb in eine neue Richtung und neue Dinge (Halbsextil) denken muß.

Der Pluto von B hätte in diesem Fall auch ein Quincunx zu dem Mars von A, was dazu führen würde, daß B das Handeln von A (Mars) immer wieder durch Hinweise auf Fehler (Quincunx), die B erkannt hat (Merkur), unterbrechen würde.

B wäre für A also ein ständiger Unruheherd, der ziemlich lästig, aber auch sehr hilfreich sein kann.

In diesem Aspektgefüge ist es wichtig, daß B ein Gefühl dafür entwickelt, welche seiner vielen Kritikpunkte für A eigentlich wirklich wichtig sind und welche er auch getrost fortlassen könnte, sowie dafür, wann ein passender Zeitpunkt dafür ist, seine Kritik vorzubringen.

- <u>Sextil und Trigon</u>: Ein Planet von B kann auch ein Sextil und ein Trigon zu den beiden in Opposition stehenden Planeten von A haben. Dies ist eines der harmonischsten und produktivsten Aspektgefüge, die es gibt: A stellt durch die Opposition die schwingende Spannung in einem Ergänzungs-Gegensatz zur Verfügung und B gibt dieser Spannung durch seinen Planeten, der eine Gemeinschaft (Sextil) bzw. eine Freundschaft (Trigon) zu den beiden Planeten von A hat,

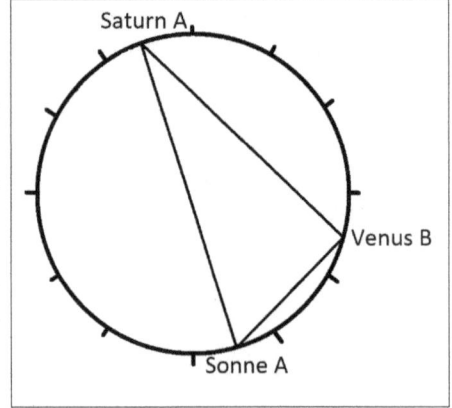

dieser Spannung einen Rahmen und einen kreativen Punkt, an dem sich diese Spannung und dieses Schwingen als Ganzes ausdrücken kann. Der Planet von B ist hier wie ein Überdruckventil und wie ein stabilisierendes Gerüst für die Spannung zwischen den beiden Planeten von A.

Wenn in der Oppostion von A z.B. seine Sonne und sein Saturn stehen, schwingt A ständig zwischen Wollen (Sonne) und Müssen (Saturn) hin und her. Wenn die Venus von B im Sextil zu der Sonne von A steht, wird die Liebe von B zu A die Sonne von A entspannen und strahlen lassen.

Die Liebe der Venus von B wird weiterhin durch das Trigon zu dem Saturn von A diesem Saturn helfen, Vertrauen in das Leben zu finden.

Die Liebe der Venus von B zu A ist das Element, das es A ermöglicht, sein Leben frei zwischen Wollen (Sonne) und Müssen (Saturn) schwingen zu lassen ohne dabei zu befürchten, zu wenig Selbstausdruck (Sonne) oder zu wenig Sicherheit (Saturn) in seinem Leben zu haben.

- <u>Quadrat und Quadrat</u>: Völlig anders sieht es aus, wenn der Planet von B zwei Quadrate zu den beiden in Opposition stehenden Planeten von A hat. In diesem Apektgefüge strebt B nach Unabhängigkeit (Quadrat) von dem Rhythmus (Opposition) von A. Das bedeutet, daß B die Freiheit braucht, die Dinge anders zu machen als A.

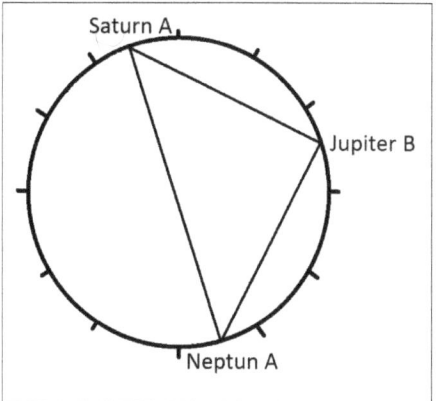

A und B müssen sich folglich gegenseitig die Dinge auf die jeweils eigene Art machen lassen. Der Versuch, den anderen in das eigene System einzubinden, wird zu Kämpfen und evtl. schließlich auch zu dem Abbruch der Beziehung führen.

In der Opposition von A könnte z.B. der Saturn und der Neptun stehen und der Planet von B, der zwei Quadrate zu den beiden Planeten von A hat, könnte der Jupiter sein. In diesem Fall kann das Organisationstalent von B (Jupiter) A nicht bei seinem Schwingen zwischen Altem (Saturn) und Neuem (Uranus) helfen – jede Einmischung des Jupiters von B löst bei A nur Krämpfe aller Art bis hin zum Trauma (Quadrat) aus.

Die Lebensentwürfe (Jupiter) von B zeigen A vor allem, daß das alles auch ganz anders geht (Quadrat), als A das in seinem eigenen Leben macht.

Auch hier findet sich noch einmal das Prinzip wieder, daß B durch seine beiden Aspekte zu einem Aspekt im Geburtshoroskop von A immer nur A spiegeln kann, aber niemals die Probleme in dem Aspekt von A für diesen lösen kann.

III 1. h) Verbindende und trennende Aspekte

Bei den trennenden Aspekten im Geburtshoroskop von A (Halbsextil, Quadrat, Quincunx) hat B jeweils einen trennenden Aspekt und einen verbindenden Aspekt zu den Planeten von A. Alle 12 Möglichkeiten haben also insgesamt 12 verbindende und 12 trennende Aspekte – beides ist im Gleichgewicht.

Bei den verbindenden Aspekten im Geburtshoroskop von A (Konjunktion, Sextil, Trigon, Opposition) hat B jeweils 6 Gruppen nur mit verbindenden und sechs Gruppen nur mit trennenden Aspekten zu den Planeten von A. Alle 12 Möglichkeiten haben also auch hier insgesamt 12 verbindende und 12 trennende Aspekte – beides ist auch hier wieder im Gleichgewicht.

III 1. i)   Das „Spiegel-Prinzip"

Es ist erstaunlich, daß es eine astrologische Symmetrie im Tierkreis und in den mit ihm verbundenen Aspekten gibt, aus der sich dieses „Spiegel-Prinzip" herleiten läßt. Das gibt dem Prinzip, daß jeder Mensch durch die Stellung der Planeten in seinem Horoskop und die sich daraus ergebenden Aspektgefüge zu den Planeten eines anderen Menschen stets nur von den anderen Menschen seine eigenen astrologischen Aspekte verdeutlicht bekommt, ein sehr solides Fundament.

Kein Mensch kann die Lösung der Probleme eines anderen Menschen sein – auch wenn sich Menschen durchaus durch „Hilfe zur Selbsthilfe" gegenseitg unterstützen können.

Zum besseren Verständnis der astrologischen Symmetrien im Tierkreis ist in der folgenden Übersicht noch einmal der Zusammenhang zwischen dem Tierkreis, den Häusern, den vier Elementen, den drei Dynamiken und den sieben Aspekten aufgeführt.

Der Tierkreis und seine Entsprechungen				
	Zwillinge *Sextil* Luft *anwendend*	**Stier** *Halbsextil* Erde *ausgestaltend*	**Widder** *Konjunktion* Feuer *erschaffend*	
Krebs *Quadrat* Wasser *erschaffend*				**Fische** *Halbsextil* Wasser *anwendend*
Löwe *Trigon* Feuer *ausgestaltend*				**Wassermann** *Sextil* Luft *ausgestaltend*
Jungfrau *Quincunx* Erde *anwendend*				**Steinbock** *Quadrat* Erde *erschaffend*
	Waage *Opposition* Luft *erschaffend*	**Skorpion** *Quincunx* Wasser *ausgestaltend*	**Schütze** *Trigon* Feuer *anwendend*	

Der Tierkreis ist eine Folge von zwölf gleichgroßen Kreissegmenten, die jeweils 30° groß sind.

Die Aspekte sind in dem Tierkreis symmetisch angeordnet:

   - Die Aspekte beginnen mit der alles zusammenfassenden Konjunktion bei dem impulsiven Widder.

   - Der Stier (links vom Widder) prüft durch das Halbsextil, in welcher Weise er im Inneren seines Hauses die Dinge zur Weiterentwicklung nutzen will.
   Der Fisch (rechts vom Widder) prüft durch das Halbsextil die Dinge im Außen der Welt und läßt sich durch sie zu seinem Ziel tragen.

- Der Zwilling (der zweite links vom Widder) kombiniert mithilfe des Sextils in seinem Inneren die Vielfalt der Dinge zu neuen Gemeinschaften.

Der Wassermann (der zweite rechts vom Widder) kombiniert mithilfe des Sextils im Außen die Vielfalt der Dinge zu einer Weltformel.

- Der Krebs (der dritte links vom Widder) trennt sein Inneres durch das Quadrat vom Äußeren ab und schützt dadurch sein Inneres.

Der Steinbock (der dritte rechts vom Widder) trennt sein Äußeres durch das Quadrat von seinem Inneren ab und schützt dadurch sein Äußeres.

- Der Löwe (der vierte links vom Widder) bündelt durch das Trigon alle Kraft auf das Zentrum im Inneren – auf sein Ich.

Der Schütze (der vierte rechts vom Widder) bündelt durch das Trigon alle Kraft auf das Zentrum im Außen – auf sein Projekt.

- Die Jungfrau (der fünfte links vom Widder) stellt im Inneren durch das Quincunx die heile Ordnung wieder her.

Der Skorpion (der fünfte rechts vom Widder) stellt im Außen durch das Quincunx die große Spannung wieder her.

- Die Waage (gegenüber dem Widders) richtet ihre Aufmerksamkeit durch die Opposition auf das „Du" aus.

Die Achse in dem System der Aspekte verläuft vom Widder zur Waage. Die Aspekte haben vom Widder zur Waage hin gesehen sowohl im Uhrzeigersinn als auch gegen den Uhrzeigersinn, also links und rechts dieser Widder/Waage-Achse, dieselbe Reihenfolge: Konjunktion – Halbsextil – Sextil – Quadrat – Trigon – Quincunx – Opposition.

Die vier Elemente treten jeweils dreimal auf. Sie sind in drei Gruppen angeordnet, die beim Widder beginnen und die jeweils gegen den Uhrzeigersinn die Folge „Feuer – Erde – Luft – Wasser" haben.

Die drei Dynamiken treten jeweils viermal auf. Sie sind in vier Gruppen angeordnet, die beim Widder beginnen und die jeweils gegen den Uhrzeigersinn die Folge „erschaffend, ausgestaltend und anwendend" haben.

Wenn man es einmal einfach nur von der Geometrie her betrachtet, entsteht das „Spiegelprinzip" dadurch, daß die Qualität der Aspekte in der Folge der Tierkreiszeichen ständig zwischen von zusammenfügenden („zentripetalen") Aspekten und trennenden („zentrifugelen") Aspekten wechselt:

- Widder:	Konjunktion
- Stier:	*Halbsextil*
- Zwillinge:	Sextil
- Krebs:	*Quadrat*
- Löwe:	Trigon
- Jungfrau:	*Quincunx*
- Waage:	Opposition
- Skorpion:	*Quincunx*
- Schütze:	Trigon
- Steinbock:	*Quadrat*
- Wassermann:	Sextil
- Fische:	*Halbsextil*

Die verbindenden Aspekte machen alle eine gerade Anzahl von Schritten im Tierkreis: Konjunktion (0·30°), Sextil (2·30°), Trigon (4·30°) und Opposition (6·30°). Daher verbinden sie stets entweder zwei „verbindende" Tierkreiszeichen miteinander oder zwei „trennende" Tierkreiszeichen.

Die trennenden Aspekte machen alle eine ungerade Anzahl von Schritten im Tierkreis: Halbsextil (1·30°), Quadrat (3·30°) und Quincunx (5·30°). Daher verbinden sie stets ein „verbindendes" Tierkreiszeichen mit einem „trennenden" Tierkreiszeichen.

Der zwölfgeteilte Kreis mit seinen Aspekt-Eigenschaften findet sich nicht nur in der Astrologie, sondern auch in der Physik: Dort erscheint er als der zwölfgeteilte, kreisförmige Superstring, der auch die sieben Eigenschaften der Aspekte hat. Der Tierkreis und somit auch die Aspekte sind also ein fundamentales Element in unserer Welt – sowohl auf der phyischen Ebene als auch auf der magisch-astrologischen Ebene.

(Bei Bedarf findet sich eine ausführliche Darstellung in meinem Buch „Logik und Wirkung der Analogie".)

Das bedeutet für die Deutung der Partnerhoroskope, daß es für den Astrologen ein wesentliches Element sein sollte, den beiden Personen, die bei ihm Rat suchen, deutlich zu machen, daß keiner der beiden die Probleme des anderen lösen kann, sondern daß beide vor allem ein Spiegel für den anderen sind.

Das bedeutet nun natürlich nicht, daß kein Mensch einem anderen helfen kann – das widerspricht ja schon der alltäglichen Erfahrung – sondern es bedeutet nur, daß ein Mensch einem anderen Menschen letztlich nur Hilfe zur Selbsthilfe leisten kann.

III 2.   Harmoniepunkte

In Horoskopen stehen in den meisten Fällen keine einzelnen Aspekte, sondern ganze Aspektgefüge, die aus mehreren Aspekten bestehen. Das führt dazu, daß ein Planet von B eine komplexe Verbindung, also mehrere Aspekte zu solch einem Aspektgefüge im Horoskop von A hat.

Da es 7 Aspekte zwishen 2 Planeten, 84 Aspektgefüge mit 3 Planeten und bereits 1008 Aspektgefüge mit 4 Planeten gibt, lassen sich nicht alle Möglichkeiten, auf die ein Planet von B zu einem Aspektgefüge von 3 Planeten im Horoskop von A steht (das ist dann rechnerisch gesehen ein Aspektgefüge mit 4 Planeten), einzeln beschreiben.

Daher folgen in diesem Kapitel nur einige wenige Beispiele, um das Prinzip zu veranschaulichen.

III 2. a)   3 Aspekte eines Planeten$_B$ zu einem vollständigen Trigon$_A$

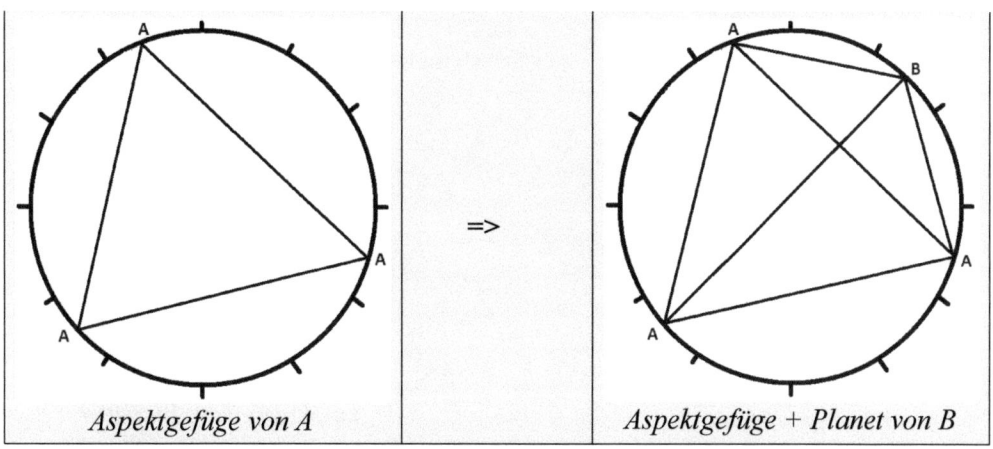

| *Aspektgefüge von A* | *Aspektgefüge + Planet von B* |

Das vollständige Dreieck („durchlaufendes Trigon") im Geburtshoroskop von A verbindet die drei betroffenen Planeten zu einer Handlungseinheit, die sehr effektiv ist.

Wenn ein Planet von B genau zwischen zwei der Planeten von A steht, kommen drei Aspekte hinzu: zwei Sextile und eine Opposition von dem Planet von B zu den drei Planeten von A. Die so entstandene Form kann man – naheliegenderweise – „Drache" nennen.

Die Opposition bringt eine kreative Spannung in das Aspektgefüge und die beiden Sextile federn diese Spannung ab, sodaß gewissermaßen ein Motor entsteht, der rhythmisch schwingt (Opposition), aber diese Schwingung ohne Reibungsverluste in eine produktive Form (3 Trigone, 2 Sextile) bringt.

Dabei kommt dem Planet von B eine große Aufgabe zu: Er muß die Spannung der Gegensatz-Ergänzung aufrecht erhalten, wobei ihm die beiden Sextile helfen.

Die Hauptaufgabe des Haltens einer Form, die diese Kräfte zusammenfaßt und in Handlungen umsetzt, liegt jedoch bei A (drei Trigone).

Somit hat B eine aktivierende Wirkung auf das Dreieck von A.

III 2. b) 4 Aspekte eines Planeten_B zu einem „Backstein"_A

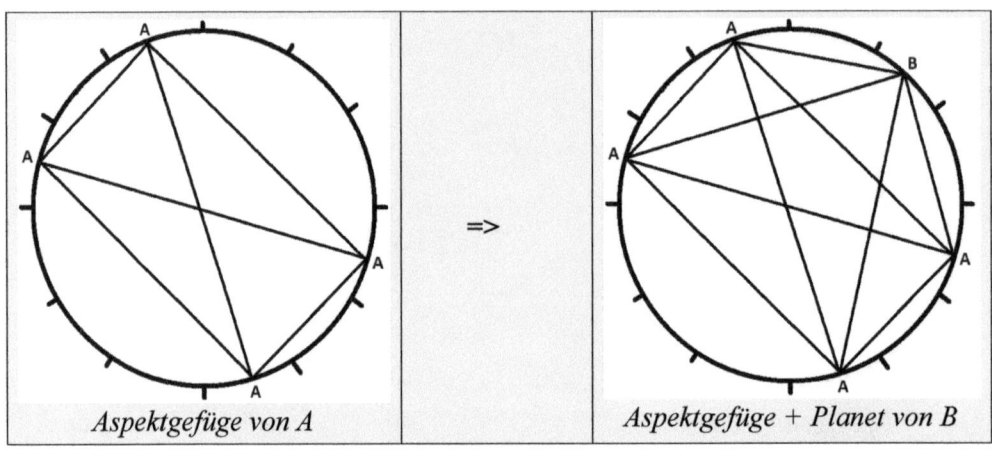

| Aspektgefüge von A | => | Aspektgefüge + Planet von B |

Aspektgefüge von A => *Aspektgefüge + Planet von B*

Der „Backstein" von A enthält die Spannung von zwei Oppositionen. Der Zusammenhalt ist ähnlich wie bei dem Dreick in der vorigen Betrachtung. Allerdings finden sich hier nur zwei Trigone und zwei Sextile statt drei Trigone – das bedeutet, daß der Zusammenhalt etwas niedriger als beim Dreieck ist.

Jeder der vier Planeten steht in der Position eines „Überdruckventils": Er verbindet mithilfe eines Sextils und eines Trigons die beiden Pole der anderen Opposition. Der „Backstein" hat einen großen inneren Handlungsdruck und zugleich eine äußere Form, die diesen Druck zusammenhält. Menschen mit einem „Backstein" in ihrem Horoskop sind ausgesprochen aktive Menschen, die nicht gut untätig sein können.

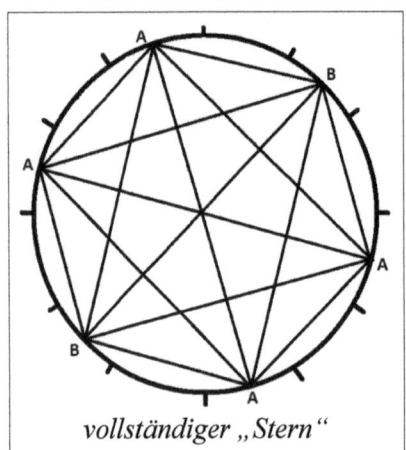

vollständiger „Stern"

Wenn nun ein Planet von B hinzukommt und genau in der Mitte eines der Trigone von A steht, verwandelt sich der „Backstein" in einen fast vollständigen „Stern". Der Planet von B hat zwei Trigone und zwei Sextile zu den vier Planeten von A in seinem „Backstein". Das führt dazu, daß es B durch seinen Planeten A ermöglicht, sich einmal wirklich gründlich auszuruhen und es sich gemütlich zu machen – was eine ausgesprochen wichtige Hilfe für A ist …

Der vollständige „Stern" ist zugleich das dynamischste und kreativste Planetengefüge. Es besteht aus drei Oppositionen, sechs Trigonen und sechs Sextilen. Diese Form ist jedoch sehr selten, da dafür gleich sechs Planeten an den passenden

76

Stellen stehen müssen.

Um einen vollständigen „Stern" herzustellen, müßte der „Backstein" von A durch eine Oppostion von B ergänzt werden. Dadurch würde vermutlich eine sehr produktive Teamarbeit zwischen A und B entstehen.

III 2. c)   4 Aspekte eines Planeten$_B$ zu einem „Diamanten"$_A$

Aspektgefüge von A   Aspektgefüge + Planet von B

Ein „Diamant" besteht aus einer Opposition, zwei Trigonen und drei Sextilen. Sie ist daher ein weniger ruhiger als der „Backstein", da sie nur eine statt zwei Oppositionen enthält. Auch der Rahmen, der die „Wechselspannung" der Opposition in diesem Aspektgefüge bündelt, ist stärker als beim „Backstein", da der „Rahmen" nicht nur aus zwei Trigonen und zwei Sextilen, sondern aus zwei Trigonen und drei Sextilen besteht.

Dieses Aspektgefüge kann durch einen Planeten von B wie in dem vorigen Beispiel der „Backstein" zu einem unvollständigen „Stern" ergänzt werden. Dabei fügt B dem Aspektgefüge eine Opposition, zwei Trigone und ein Sextil hinzu. Obwohl dabei dieselbe Form wie in dem vorigen Beispiel entsteht, ist die Rolle von B in diesem Aspektgefüge doch deutlich aktiver, da sein Planet auch eine Opposition hat.

Bei dem unvollständigen „Stern", der aus dem „Backstein" entsteht, ist B derjenige, der A einen Ruheort zur Verfügung stellt.

Bei dem unvollständigen „Stern", der aus dem „Diamant" entsteht, steht B in einem Ergänzungs-Gegensatz A gegenüber, sodaß A und B Pole bilden, die gleichermaßen das gemeinsame Handeln aktivieren.

3. Dissonanzpunkte

Die bisherigen Beispiele haben nur harmonische Aspektgefüge, die aus drei oder vier Planeten bestehen, und ihre harmonische Verwandlung durch einen weiteren Planeten eines anderen Menschen gezeigt.

Derartige vollständig harmonische Aspektgefüge sind jedoch keinesfalls die Regel. Im Folgenden werden daher drei Beispiele angeführt, wie ein rein harmonisches Aspektgefüge durch den Planeten eines anderen Menschen in Spannungen geraten kann, sowie ein Beispiel der Reaktion eines Aspektgefüges, das bereits hauptsächlich aus trennenden Aspekten besteht, auf den Planeten eines anderen Menschen.

III 3. a)   3 Aspekte eines Planeten$_B$ zu einem vollständigen Trigon$_A$

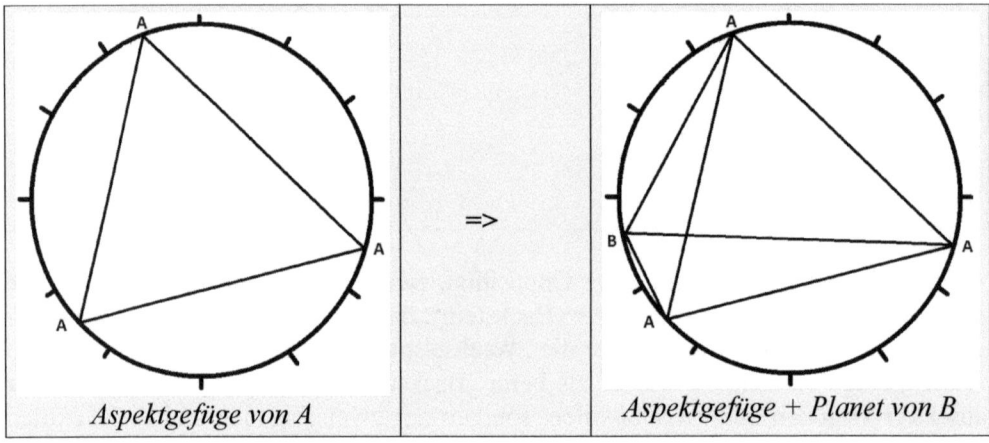

Aspektgefüge von A   Aspektgefüge + Planet von B

Das Dreieck ist – wie bereits gesagt – ein kraftvolles Aspektgefüge. In ihm werden alle drei Dynamiken (erschaffend, ausgestaltend und anwendend) eines der vier Elemente (Feuer, Wasser, Luft oder Erde) zusammengefaßt.

Wenn nun ein Planet von B zu diesem Aspektgefüge von A hinzukommt, sind verschiedene Aspekte von dem Planet von B zu den drei Planeten von A möglich. In dem hier angeführten Beispiel sind dies ein Halbsextil, ein Quadrat und ein Quincunx. Der Planet von B steht daher zu allen drei Planeten von A in einer trennenden Spannung – der Planet von B steht von A aus gesehen sozusagen „im Abseits". Es wird für diesen Planeten von B daher schwer werden, wirklich Kontakt zu den drei Planeten von A aufzunehmen.

Wenn der Planet von B ein Tierkreiszeichen weiter im Uhrzeigersinn stehen würde, wäre hingegen der „Drache" entstanden, der in Kapitel „III 2. a)" beschrieben worden ist, also eine sehr kraftvolle, harmonische Form.

Bei allen Aspektgefügen von A, die nur aus verbindenden Aspekten (Konjunktion, Sextil, Trigon, Opposition) bestehen, kann ein Planet von B entweder nur verbindende Aspekte zu allen drei Planeten von A haben oder nur trennende Aspekte (Halbsextil, Quadrat, Quincunx).

III 3. b)   4 Aspekte eines Planeten$_B$ zu einem „Backstein"$_A$

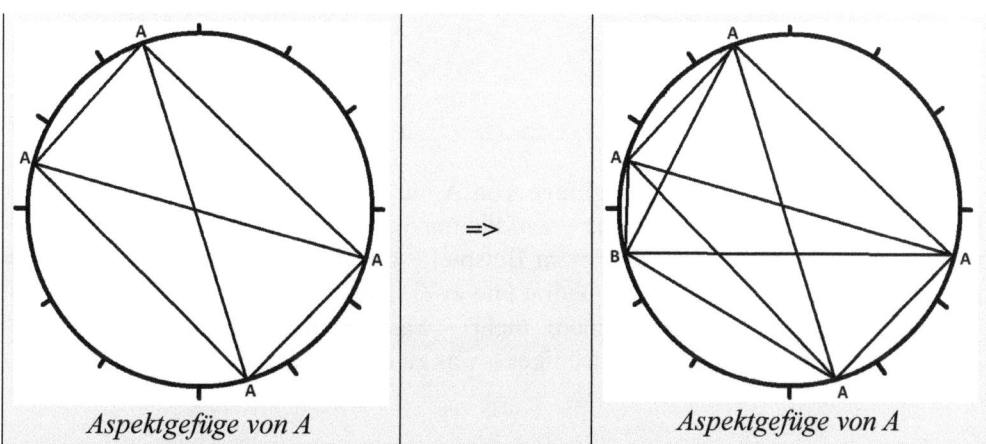

Aspektgefüge von A   Aspektgefüge von A

Auch hier hat A ein Aspektgefüge, das nur aus verbindenden Aspekten besteht. Ein Planet von B kann daher entweder nur vier verbindende oder nur vier trennende Aspekte zu den Planeten von A haben. In dem hier angeführten Beispiel sind diese vier trennenden Aspekte ein Halbsextil, zwei Quadrate und ein Quincunx.

Aufgrund der beiden Quadrate steht der Planet von B hier noch stärker „im Abseits" als in dem vorigen Beispiel.

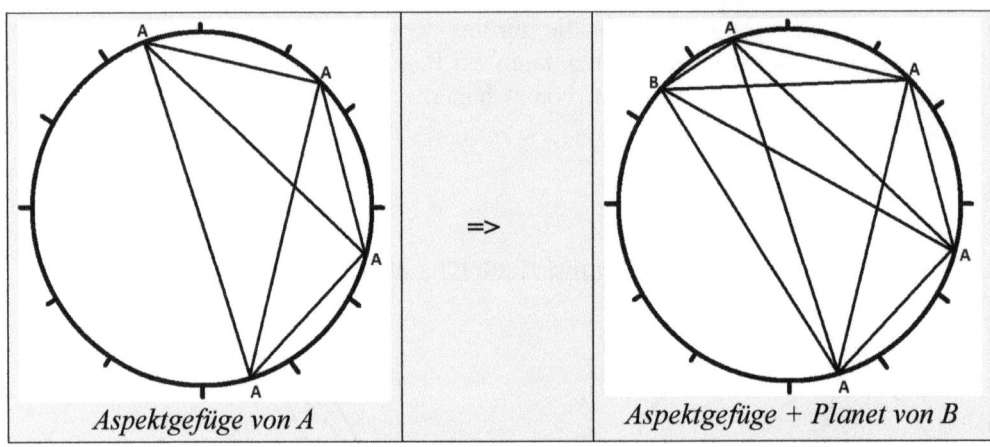

| Aspektgefüge von A | Aspektgefüge + Planet von B |

Auch hier besteht das Aspektgefüge von A nur aus verbindenden Aspekten. Der Planet von B kann daher entweder ebenfalls nur verbindende Aspekte zu den Planeten von A haben oder – wie in diesem Beispiel – nur trennende Aspekte. Diese vier Aspekte sind ein Halbsextil, ein Quadrat und zwei Quincunxe.

Dieses Beispiele hat ein Quincunx mehr – was für mehr Unruhe und Verwandlungen sorgt – sowie ein Quadrat weniger – was zu etwas weniger Trennung führt.

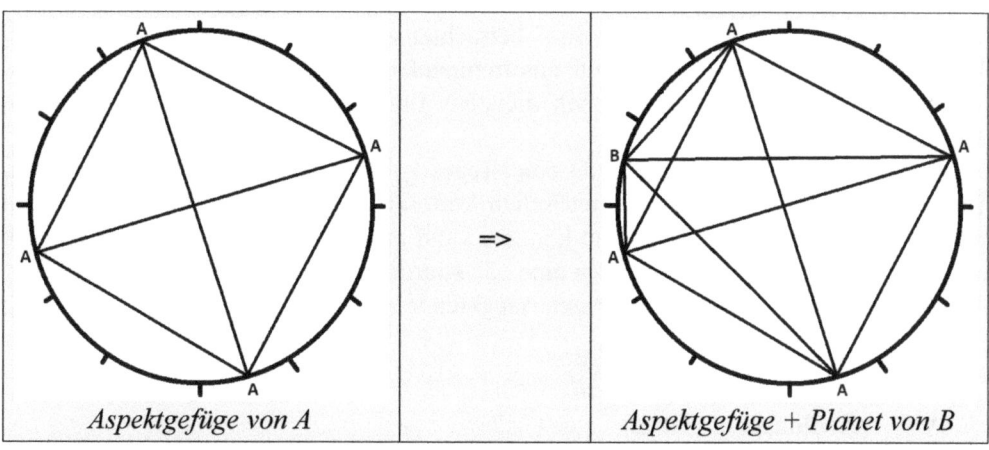

| *Aspektgefüge von A* | *Aspektgefüge + Planet von B* |

Die bisherigen Aspektgefüge von A bestanden nur aus verbindenden Aspekten. Bei dem hier angeführten Aspektgefüge, das sich aus vier Quadraten und zwei Oppositionen, also aus vier trennenden und zwei verbindenden Aspekten zusammensetzt, findet sich bei den Aspekten eines Planeten von B zu den vier Planeten von A eine größere Vielfalt.

Der Planet von B hat zu den vier Planeten von A ein Halbsextil, ein Sextil, ein Trigon und ein Quincunx. B hat zu A also zwei verbindende und zwei trennende Aspekte. Durch das Sextil zu dem Planeten von A, der in der Graphik oben im Tierkreis steht, und durch das Trigon zu dem Planeten von A, der unten im Tierkreis steht, wird der Planet von B ein Verbündeter und zugleich ein Ruhepol für diese beiden Planeten von A, die dadurch im Kontakt mit B ein Übergewicht im Vergleich mit den anderen beiden Planeten von A erlangen.

Oder anders gesagt: B zieht die beiden Planeten von A, die in der Graphik oben und unten stehen, den beiden Planeten von A, die links und rechts stehen, vor.

Generell wird B in der Begegnung mit A Standfestigkeit brauchen, da sein Planet vier verschiedene Aspekte zu den Planeten von A und somit auch vier verschiedene Verhältnisse zu vier Charakter-Anteilen (Planeten) von A hat.

A und B haben sicherlich ein unterhaltsames Verhältnis zueinander …

4. Gemischte Aspektgruppen

Bisher sind nur Aspektgefüge von A betrachtet worden, die entweder nur aus verbindenden Aspekten oder (fast) nur aus trennenden Aspekten bestanden haben. Das kommt natürlich durchaus vor, doch meistens findet man gemischte Aspektgefüge vor.

Generell läßt sich zumindestens eine Regel zu den Aspektgefügen formulieren. Diese Regel beruht auf der symmetrischen Verteilung der Aspekte im Tierkreis. Um die Regel einfacher beschreiben zu können, kann man den trennenden Aspekten eine „1" und den verbindenden Aspekten eine „2" zuordnen.

Der Tierkreis mit den dazugehörigen Aspekten sieht wie folgt aus:

- Widder	Konjunktion	2
- Stier	*Halbsextil*	1
- Zwillinge	Sextil	2
- Krebs	*Quadrat*	1
- Löwe	Trigon	2
- Jungfrau	*Quincunx*	1
- Waage	Opposition	2
- Skorpion	*Quincunx*	1
- Schütze	Trigon	2
- Steinbock	*Quadrat*	1
- Wassermann	Sextil	2
- Fische	*Halbsextil*	1

In einem geschlossenen Aspektgefüge („Kreis") ergibt die Summe der Zahlen, die den Aspekten zugeordnet sind, immer eine gerade Zahl:

- Opposition (2) + Trigon (2) + Sextil (2) = 6
- Opposition (2) + *Quadrat* (1) + *Quadrat* (1) = 4
- *Quadrat* (1) + *Quadrat* (1) + Trigon (2) + Sextil (2) = 6
- *Quadrat* (1) + *Quadrat* (1) + *Quadrat* (1) + *Quadrat* (1) = 4

In einem „Kreis" sind also nur bestimmte Kombinationen von Aspekten möglich:

- drei verbindende Aspekte
- ein verbindender und zwei trennende Aspekte
- vier verbindende Aspekte
- zwei verbindende und zwei trennende Aspekte
- vier trennende Aspekte
  usw.

Man muß diese Regel nicht unbedingt kennen. Wenn man jedoch gerne auf einer etwas abstrakteren und generelleren Ebene denkt, ist sie möglicherweise bei der Orientierung in Aspektgefügen hilfreich.

Man kann – wenn man will – diese Regel auch einfacher formulieren: In geschlossenen Aspektgefügen treten trennende Aspekte immer in gerader Zahl auf, also zu zweit, zu viert, zu sechst usw. Die übrigen Aspekte sind verbindende Aspekte – sie können in ungerader Anzahl (z.B. drei Trigone) und auch in gerader Anzahl (z.B. zwei Trigone und zwei Sextile) auftreten.

III 4. a)   3 Aspekte eines Planet$_B$ zu einem Aspektgefüge$_A$

| Aspektgefüge von A | Aspektgefüge + Planet von B |

Das Aspektgefüge von A besteht aus einem Sextil („2"), einem Quadrat („1") und einem Quincunx („1"). Die Summe dieser drei Aspekte, die eine geschlossene Form bilden, beträgt „4". In diesem Aspektgefüge finden sich zwei trennende und ein verbindender Aspekt.

Der Planet von B hat dementsprechend auch eine gemischte Gruppe von Aspekten zu den Planeten von A: ein Quadrat, ein Trigon und eine Opposition. Der Planet von B hat also eine Verbindung zu dem oberen und zu dem linken Planeten von A, aber er ist von dem unteren Planeten von A abgetrennt. Diese Trennung wird in der Begegnung zwischen A und B vermutlich eine Herausforderung sein, da beide lernen müssen, sich bei diesem Thema gegenseitig viel Raum zu lassen – damit es nicht zu einem Machtkampf mit einem Sieger und einem Verlierer kommt.

Man kann auch das Verhältnis zwischen dem Planeten von B und jeweils zwei Planeten von A betrachten:

- Planet von B + unterer Planet von A und linker Planet von A: Hier wird das Quadrat zwischen den beiden Planeten von A durch ein Quadrat sowie durch eine Opposition zwischen den Planeten von A und B ergänzt. In diesem Teil der Begegnung zwischen A und B gibt es vor allem Trennung (zwei Quadrate) und Bewegung (Opposition).

- Planet von B + unterer Planet von A und oberer Planet von A: Hier wird das Quincunx zwischen den beiden Planeten von A durch ein Quadrat sowie durch ein Trigon zwischen den Planeten von A und B ergänzt. Dieser Teil der Begegnung zwischen A und B ist etwas ruhiger (Trigon), aber dennoch auch ziemlich durchgeschüttelt (Quincunx) und teilweise auch getrennt (Quadrat).

- Planet von B + linker Planet von A und oberer Planet von A: Hier wird das Sextil zwischen den beiden Planeten von A durch ein Trigon sowie eine Opposition zwischen den Planeten von A und B ergänzt. Diese drei Planeten bilden den ruhenden, zusammenhaltenden Teil dieser Begegnung zwischen A und B.

Die Unruhe in dem Aspektgefüge von A findet sich auch in der Begegnung zwischen A und B wieder.

Diese stark gemischten Qualitäten in der Begegnung zwischen zwei Menschen sind der Regelfall.

III 4. b)   3 Aspekte eines Planeten$_B$ zu einem Aspektgefüge$_A$

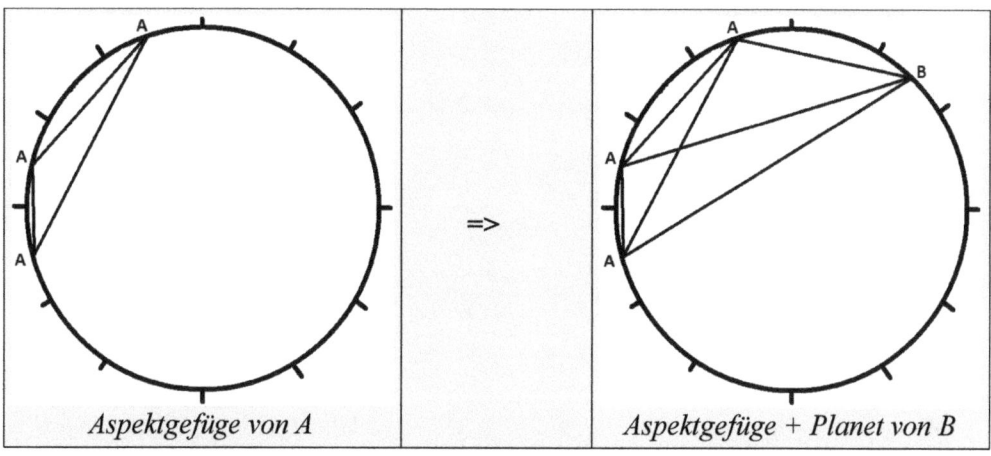

Aspektgefüge von A	Aspektgefüge + Planet von B

In dem Aspektgefüge von A bilden der obere und der linke Planet durch das Sextil eine Gemeinschaft. Der untere Planet steht jedoch aufgrund des Quadrates und des Halbsextils weitgehend abgetrennt daneben.

Die beiden Planeten von A, die das Sextil bilden, haben ein Sextil und ein Trigon zu dem Planeten von B. Dadurch bilden sie eine Gemeinschaft, die durch das Trigon zu einer ziemlich festen Verbindung wird.

Der Planet von B hat jedoch zu dem unterem Planet von A ein Quincunx – die Qualität von A, die sich durch diesen Planeten von A ausdrückt, erschafft daher eine ständige Unruhe für B.

Sowohl A selber als auch B haben daher die Aufgabe, den unteren Planeten von A nicht als Störenfried auszuschließen und zu verdrängen, sondern auch ihn in die Begegnung zwischen A und B zu integrieren. Natürlich liegt die Hauptverantwortung für diese Integration bei A selber – schließlich ist es sein eigener Planet und daher ein Teil seines Wesens. Allerdings kann B es A durch sein Verhalten sowohl einfacher als auch schwerer machen, seinen unteren Planeten zu integrieren und ihn ebenfalls zu nutzen und zu leben.

III 4. c)   4 Aspekte eines Planeten~B~ zu einem Aspektgefüge~A~

III 4. c)   4 Aspekte eines Planeten$_B$ zu einem Aspektgefüge$_A$

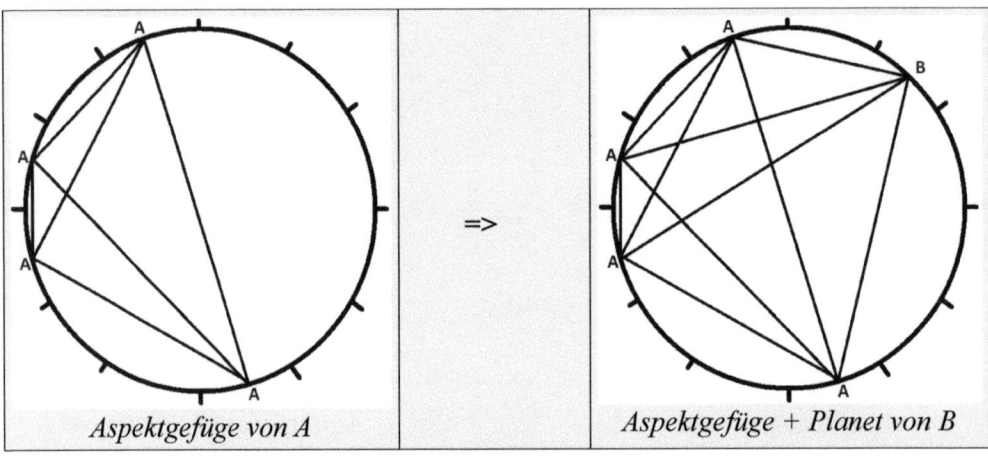

Aspektgefüge von A   *Aspektgefüge + Planet von B*

Das Aspektgefüge von A hat als Hauptachse eine Opposition zwischen zwei Planeten. Der Planet links oben ist durch ein Sextil und ein Trigon mit der Opposition
verbunden. Diese drei Planeten bilden daher eine stabile, kräftige Einheit.

Der Planet links unten ist hingegen durch zwei Quadrate mit den Oppositions-
Planeten sowie duch ein Halbsextil mit dem Planeten links oben verbunden. Der
Planet links unten ist daher von den drei anderen Planeten von A weitgehend abge-
trennt – er ist daher das „Sorgenkind" von A.

Durch die Stellung des Planeten von B werden die drei miteinander verbundenen
Planeten von A zu einem „Drachen" ergänzt. Zu dem Planeten von A, der links unten
steht, hat der Planet von B jedoch ein Quincunx. Dieser Planet von A ist also auch aus
der Sicht von B der „Störenfried" und das „Sorgenkind" in dieser Begegnung, da er
ständig die Kreativität, die Produktivität und die Effektivität des „Drachen" stört.

Da der linke untere Planet von A ein Teil von A ist, ist es nicht angebracht, ihn als
„störend" zu bezeichnen, da dies eine Ablehnung dieses Planeten bedeuten würde.
Dieser Planet ist jedoch tatsächlich nicht verbindend und aufbauend wie die anderen
Planeten von A und B in dem „Drachen" – doch er kann auf konstruktive Weise auf
Widersprüche (Quadrate), Wartungsfehler und Störungen (Quincunx) sowie Weiter-
entwicklungs-Möglichkeiten (Halbsextil) hinweisen. Der Planet links unten kann also
die Aufgaben des Wächters, Wärters, Kontrolleurs, Pflegers, Hausmeisters, Kritikers
usw. übernehmen, die zwar allesamt fraglos unangenehm, aber dennoch auch ausgesprochen hilfreich und nützlich und in aller Regel sogar unbedingt erforderlich sind.

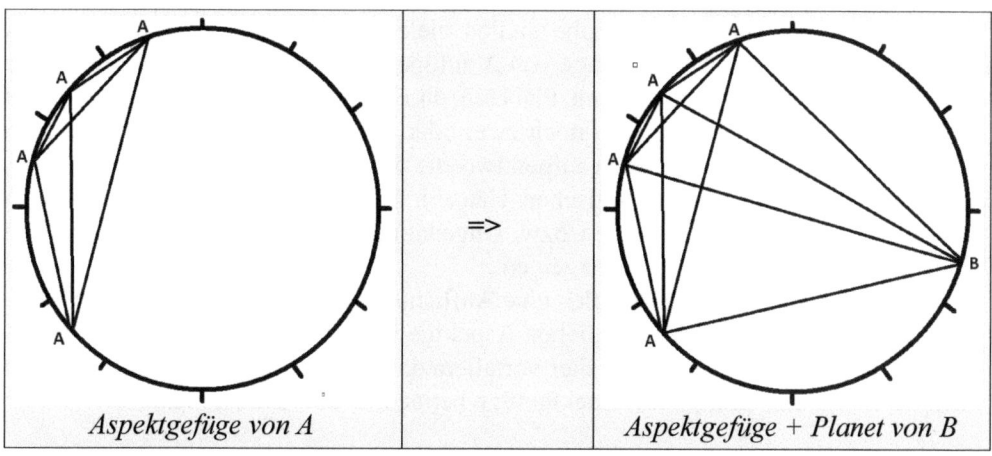

| *Aspektgefüge von A* | *Aspektgefüge + Planet von B* |

Dieses Aspektgefüge von A ist dem vorigen Aspektgefüge sehr ähnlich. Es ist allerdings etwas instabiler, da es aus drei trennenden Aspekten (zwei Halbsextile, ein Quadrat) und drei verbindenden Aspekten (ein Trigon, zwei Sextile) besteht. Das gesamte Aspektgefüge ist daher sozusagen eine Quelle ständiger Unruhe in A – das Quadrat verhindert eine Einheit und die beiden Halbsextile drängen ständig zur Weiterentwicklung. Die Unruhe wird von dem mittleren der drei nebeneinanderstehenden Planeten von A verursacht, der daher ein wenig „im Abseuits" steht und möglicherweise von A stiefmütterlich behandelt wird.

Der Planet von B hat drei verbindende Aspekte (zwei Trigone, eine Opposition) und einen trennenden Aspekt (Quincunx) zu den vier Planeten von A. Das bewirkt, daß B etwas Ruhe und Form in das Aspektgefüge von A bringt. B muß sich zwar immer wieder einmal auf die Veränderungen von A (Quincunx) einstellen und seinen Kurs korrigieren, aber insgesamt entsteht dadurch, daß durch den Planeten von B ein „Drache" entsteht, doch eine kreative und produktive Zusammenarbeit zwischen A und B.

III 5.   Weitere Beispiele

Es ließen sich nun noch beinahe endlos viele Beispiele zu der Wirkung eines Planeten von B auf ein Aspektgefüge von A anfügen – insbesondere, wenn man diese Beispiele auch noch mit konkreten Planeten durchspielen würde. Noch komplexer würde es werden, wenn man auch noch zwei oder drei Planeten von B hinzunehmen würde. Zudem ist hier auch noch nirgendwo die Stellung der Planeten in den Tierkreiszeichen und in den astrologischen Häusern berücksichtigt worden. Und dann kommt auch noch die Genauigkeit bzw. Ungenauigkeit der Aspekte hinzu, die ihre Wichtigkeit in einem Aspektgefüge zeigen …

Es ist jedoch fraglich, wie hilfreich eine Auflistung von weiteren Beispielen wäre – eine Gesamtdarstellung aller möglichen Aspektgefüge wäre einfach viel zu umfangreich. Es geht in diesem Kapitel daher vor allem darum, zumindestens ansatzweise zu vermitteln, wie man komplexe Aspektgefüge betrachten und deuten kann.

Bei Bedarf finden sich alle möglichen Konstellationen, die aus vier Planeten bestehen, in meinem Buch „Astrologie" beschrieben. Sie werden dort allerdings als vier Planeten in einem Geburtshoroskop aufgefaßt, sodaß man die dort beschriebenen Aspektgefüge ein wenig „umdenken" muß, um sie auf Partnerhoroskope anwenden zu können.

IV Verschiedene weitere astrologische Einflüsse

Bislang sind nur die Aspekte zwischen mehreren Planeten in dem Geburtshoroskop von A und einem Planeten in dem Geburtshoroskop von B betrachtet worden. Es gibt jedoch noch einige weitere astrologische Einflüsse, die im Folgenden beschrieben werden.

IV 1. Die Aszendenten von A und B

Der Aszendent beschreibt den Lebensstil eines Menschen, die Art und Weise, wie er die Welt sieht, strukturiert, beschreibt, bewertet und woran er sich orientiert und was ihm wichtig ist.

Daher kann die vergleichende Beschreibung der beiden Aszendenten von A und B bei einem Partnerhoroskop ausgesprochen hilfreich sein. Möglicherweise verstehen A und B danach besser, in welcher Welt der jeweils andere von ihnen lebt.

Dieser Vergleich setzt natürlich voraus, daß der Astrologe die Tierkreiszeichen so gut kennt, daß er die Unterschiede klar und deutlich darstellen kann.

IV 2. Die Planeten im 1. Haus

Dasselbe wie für die Aszendenten gilt für die Planeten im 1. Haus, da diese Planeten bei allem, was der Betreffende tut, mitwirken. Daher sollte man diese Planeten im 1. Haus bei der Erläuterung des Lebensstiles (Aszendent) des Betreffenden hinzunehmen.

IV 3. Der Aszendent von A und der Sonnenstand von B

Das Tierkreiszeichen, in dem im Horoskop die Sonne steht, also das, was man auf die Frage „Welches Sternzeichen bist Du?" antwortet, beschreibt, was man will. Der Aszendent beschreibt hingegen, wie man etwas macht. Das „Sonnen-Sternzeichen" ist der Architekt, der Aszendent sein Baumaterial; das „Sonnen-Sternzeichen" ist der Fahrer, der Aszendent sein Auto; das „Sonnen-Sternzeichen" ist der Wille, der Aszendent sein Körper; usw.

Da man die Art und Weise, wie jemand etwas macht, schneller und leichter erfassen kann als das, was jemand will, gibt es den Effekt, daß man Menschen, die das eigene „Sonnen-Sternzeichen" als Aszendent haben, meistens sympathisch findet. Ein Mensch, der Wassermann ist, wird also Menschen, die einen Wassermann-Aszendenten haben, sympathisch finden – deren Verhalten entspricht seinen eigenen Zielen.

Besonders stark ist dieser Effekt natürlich wenn z.B. eine Jungfrau mit Fische-Aszendent auf einen Fisch mit Jungfrau-Aszendent trifft. Dann sehen beide ihre eigenen Ziele in dem Verhalten des anderen.

Diese Übereinstimmung von Sternzeichen von A mit dem Aszendenten von B bringt ein gewisses Grundverständnis für den anderen in die Begegnung. Das reicht zwar noch nicht für eine kreative Beziehung aus, aber es ist schon mal eine gute Grundlage für ein leichteres Verständnis füreinander und für ein gewisses „Verwandtschaftsgefühl".

IV 4. Gleiche Aszendenten

Einen ähnlichen Effekt wie der vorige Punkt haben gleiche Aszendenten von A und B. Sie sehen dann die Welt auf weitgehend dieselbe Weise, haben dieselben Werte, ähnliche Stile, ähnliche Vorgehensweisen usw. Derselbe Aszendent bringt das Gefühl der Gemeinsamkeit in eine Beziehung.

IV 5. Planeten in gleichen Tierkreiszeichen

Wenn A und B z.B. beide die Sonne im Widder stehen haben, haben sie beide einen eher spontanen Willen. Das ist allerdings etwas anderes, als wenn A und B eine Konjunktion ihrer beiden Sonnen hätten. Bei der Konjunktion der beiden Sonnen verbinden sich der Wille von A und B miteinander zu einem gemeinsamen Willen – wenn beide Sonnen lediglich in demselben Tierkreiszeichen stehen, haben A und B jedoch immerhin ein Grundverständnis für das, was der andere will, aber die beiden Willen gehen nicht unbedingt eine Verbindung ein.

Das, was hier für die Sonnen von A und B beschrieben ist, gilt in gleicher Weise natürlich auch für die anderen neun Planeten.

IV 6.   Planeten in gleichen astrologischen Häusern

Wenn die Sonne bei A und B in demselben astrologischen Haus steht, ist die Ausrichtung des Willens, also der Lebensbereich, auf den sich der Wille richtet, gleich. Das ist in der Regel jedoch weniger deutlich zu spüren als dasselbe Tierkreiszeichen, in dem die beiden Sonnen von A und B stehen.

Auch dies gilt wieder für alle zehn Planeten im Horoskop.

IV 7.   Transite u.ä.

Schließlich kann man noch schauen, ob einer der beiden Ratsuchenden gerade einen wichtigen Transit in seinem Horoskop hat – ob also z.B. der Pluto oben am Himmel gerade an derselben Stelle steht wie die Sonne im Geburtshoroskop von A.

Wenn das der Fall sein sollte, wird gerade eine Seite des Charakters des Betreffenden (hier die Sonne) auf eine besondere Weise betont (Pluto), die jedoch vorübergehend ist. Der „laufende Pluto" auf der Sonne im Geburtshoroskop führt z.B. dazu, daß der Betreffende Selbstzweifel bekommt, sein Leben überdenkt, ein neues Selbstbild sucht oder auch ganz einfach in seinen Willensäußerungen sehr viel heftiger ist als sonst.

In einem solchen Fall kann man bei einem Partnerhoroskop A und B erläutern, was gerade bei A vor sich geht, wozu das gut ist und wie er es nutzen kann und vor allem auch, wie lange diese Phase noch dauern wird. Sofern diese Phase gerade das Problem ist, wegen dem A und B zu dem Astrologen gekommen sind, kann dieser Hinweis bereits die gesamte Krise entschärfen.

Dafür ist es allerdings notwendig, daß der Astrologe so gründlich ist, daß er neben die beiden Geburtshoroskope von A und B und neben das Partnerhoroskop von beiden auch noch die aktuellen Transite sowohl für A als auch für B heraussucht auf eine Kopie der beiden Geburtshoroskope einträgt und sie ebenfalls auf den Tisch legt.

Das könnte folgermaßen aussehen:

Anordnung der Personen und der Horoskope bei der Deutung				
Person A	Geburtshoroskop A	Partner- horoskop	Geburtshoroskop B	*Person B*
	Horoskop mit Transiten von A	Übersicht	Horoskop mit Transiten von B	
	Astrologe			

91

Der Astrologe sollte dabei darauf achten, daß er solche Transite niemals negativ eingefärbt als Problem, sondern einfach neutral als Qualität darstellt – sonst macht er es den beiden Ratsuchenden schwer, mit einem solchen Transit kreativ umzugehen. Idealerweise stellt der Astrologe einen solchen Transit als eine Chance zur Vertiefung des betroffenen Planeten in dem Horoskop des Betreffenden dar.

Der bekannteste und in vielen Fällen leider auch berüchtigste Transit ist die sogenannte „Saturn-Phase". Diese Phase findet im Alter von ca. 29 Jahren, von 59 Jahren und von 88 Jahren statt. Sie entsteht dadurch, daß der Saturn für einen Umlauf 29,3 Jahre braucht. Das bedeutet, daß er ungefähr im Alter von 28-30 Jahren, im Alter von 58-60 Jahren und im Alter von 87-89 Jahren wieder dort steht, wo er auch in dem Geburtshoroskop eines Menschen gestanden hat. Da der Saturn von der Erde aus gesehen nicht immer genau gleich schnell läuft, muß man die genauen Zeiten für jeden Menschen jedesmal wieder in einer Ephemeride (Planetenstandstabelle) nachsehen.

Die Dauer dieser Phase ergibt sich daraus, daß dieser Transit schon zu wirken beginnt, wenn der Saturn noch 3° von dem Geburtshoroskop-Saturn entfernt steht, und auch erst wieder zu wirken aufhört, wenn er wieder 3° von ihm entfernt ist.

Die Saturnphase hat die Wirkung, daß man das, was man bisher aus seinem Leben gemacht hat, so stark einerseits als Fundament (Saturn) und andererseits aber auch als Begrenzung (Saturn) erlebt und daß man sein bisheriges Leben so deutlich sieht, daß man in dieser Phase eine Bestandsaufnahme seines bisherigen Lebens macht, darüber urteilt und dann nach dieser Phase oft etwas Neues beginnt.

Diesen Saturn-Phasen-Effekt kann man recht gut bei Musikgruppen beobachten, die sich oft wie z.B. die Beatles, Genesis, Pink Floyd usw. trennen, wenn die meisten Bandmitglieder 28-30 Jahre alt sind. Auch bei Fußballern kann man beobachten, daß sie in diesem Alter eine Krise haben und z.B. – wenn sie Stürmer sind – kaum noch Tore schießen.

Im Alter von 58-60 beginnt bei den meisten Menschen, die dafür anfällig sind, recht plötzlich das Gedächtnis deutlich nachzulassen (Alzheimer).

Für die Saturn-Phase im Alter von 87-89 Jahren gibt es nur sehr wenige Informationen, da nicht viele Menschen so alt werden und dann auch noch so viel tun, daß die Astrologen genügend Informationen über diese Saturn-Phase zur Verfügung hätten.

Ein anderer, sehr gut bekannter Transit ist der Geburtstag, an dem die Sonne am Himmel gerade wieder dort steht, wo sie auch bei der Geburt des Geburtstagskindes gestanden hat. Das führt dazu, daß die Sonne des Betreffenden betont wird und der Stand der Sonne in dem Geburtshoroskop des Betreffenden seine Situation prägt. Wenn die Sonne in seinem Geburtshoroskop z.B. keine Aspekte hat, wird der Betreffende in aller Regel auch kaum Geburtstagsgäste haben und seine Geburtstage auch schon mal ganz alleine feiern.

Da die aktuellen Transite, also die Transite zu der Zeit, in der die beiden Ratsuchenden ein Problem miteinander haben und daher nach einem Partnerhoroskop fragen, deutlich zeigen können, welche Planeten in den beiden Geburtshoroskopen der Ratsuchenden gerade besonders aktiv sind, kann man oft schon anhand der Transite erkennen, was das Problem der beiden ist.

Für diese Transite kommen nur Saturn, Uranus, Neptun und Pluto in Frage, da die Transite der anderen Planeten aufgrund von deren schnellerer Umlaufzeit viel zu schnell wieder vorüber sind. Bei den genannten vier Planeten können solche Phasen auch einige Jahre dauern.

Wenn man von einer maximalen Ungenauigkeit eines Transites von 3° ausgeht, kommt man auf die folgenden ungefähren Zeiten, die ein solcher Transit dauert: Saturn ca. 1 Jahr, Uranus ca. 2 Jahre; Neptun ca. 3 Jahre, und Pluto ca. 4 Jahre. Da diese Planeten von der Erde aus gesehen manchmal auch rückläufig sind, also „Schleifen" am Himmel machen, läßt sich die genaue Dauer eines Transites nicht allgemein sagen.

V Vorgehen bei der Partnerhoroskop-Deutung

Diese vielen verschiedenen Bestandteile eines Partnerhoroskops und die ganzen vielen Details und Zusammenhänge erfordern ein systematisches Vorgehen bei der Deutung eines Partnerhoroskops. Ohne einen solchen roten Faden kann es schnell passieren, daß die Deutung des Partnerhoroskops eher Verwirrung statt Klarheit und Erkenntnisse schafft.

V 1. Die Klärung des Problems

Der erste Schritt sollte stets sein, das Problem, wegen dem A und B zu dem Astrologen gekommen sind, möglichst klar zu formulieren. Dabei kann man als Astrologe jedoch nicht unbedingt davon ausgehen, daß dieses Problem A und B bereits wirklich vollkommen klar ist.

Daher lohnt es sich, für diese Klärung ruhig ein wenig Zeit zu verwenden, auch wenn dies eigentlich kein Teil der Deutung eines Partnerhoroskops ist. Da sich der Wert eines Partnerhoroskops jedoch in den meisten Fällen daran bemißt, ob es helfen kann, ein Problem zu lösen oder nicht, ist es sinnvoll, das Problem gleich zu Anfang möglichst klar zu erfassen und zu beschreiben.

V 2. Die Transite

Die Überprüfung der beiden Geburtshoroskope auf mögliche aktuelle Transite von Saturn, Uranus, Neptun und Pluto über einen der Planeten in den beiden Geburtshoroskopen zeigt oft schon, welches Thema in der Beziehung der beiden gerade „hochgekocht" ist.

V 3. Die Deutung der beiden Einzelhoroskope

Die Deutung eines Partnerhoroskops sollte mit der Deutung der Geburtshroskope von A und B beginnen – denn wie sollten A und B ihr Partnerhoroskop verstehen können, wenn sie nicht ihr eigenes Horoskop kennen und verstehen können?

Es wäre natürlich ausgesprochen praktisch, wenn der Astrologe bereits früher für A und B deren Partnerhoroskope gestellt hat – aber davon kann man in der Regel nicht ausgehen.

Wie bei allen Deutungen von Geburtshoroskopen ist es sehr hilfreich, wenn der Astrologe – in der Regel zusammen mit dem Betreffenden – die Schwerpunktthemen in den beiden Horoskopen von A und B herausarbeiten kann. Wenn das gelingt, wird A und B meistens schon um einiges deutlicher, wo das Potential der Beziehung liegt und woher die Probleme in der Beziehung stammen.

Das erfordert natürlich von dem Astrologen, daß er nicht nur Astrologe, sondern auch Berater ist, d.h. daß er über viel Lebenserfahrung, über grundlegende psychologische Kenntnisse und die Fähigkeit zur sinnvollen Gesprächsführung verfügt.

Ein Partnerhoroskop auf eine kreative, effektive und wirksame Weise zu deuten, ist kein einfacher Job …

V 4. Der Aszendent-Vergleich

Die Beschreibung der beiden Aszendenten von A und B und ihr Vergleich ist zwar ein recht schlichter Schritt innerhalb der Deutung des Partnerhoroskops, aber er ist eine wichtige Grundlage, da er die „Farbe" der beiden Weltbilder von A und B beschreibt. Diese „Farbe" gibt allem, was im Folgenden noch gesagt wird, ihre individuelle „Färbung" – worauf der Astrologe immer wieder einmal hinweisen sollte.

V 5. Die Hauptthemen in der Begegnung

Als nächstes sollten mithilfe der Aspekt-Übersicht die Hauptthemen der Begegnung beschrieben werden, d.h. die Aspekte im Partnerhoroskop, die genau (unter 1° Abweichung) oder sogar sehr genau (unter 10' Abweichung) sind. Diese Aspekte stellen das dar, worum es in dieser Beziehung hauptsächlich geht.

Neben diese Hauptthemen der Beziehung kann man dann die Hauptthemen von A und von B stellen, also deren genaueste Aspekte in ihrem jeweiligen Geburtshoroskop. Dieses Nebeneinanderstellen der Hauptthemen von A, von B und von der Beziehung macht dann meistens schon die Grunddynamik in dieser Begegnung recht deutlich.

V 6. Die Qualitäten der Aspekte

Danach kann man dann in die Details gehen und die einzelnen Aspekte in dem Partnerhoroskop beschreiben.

Dabei sollte man auch berücksichtigen, wie oft welche Aspekte (z.B. sehr viele Quincunxe) vorkommen, welche Planeten bei A und bei B die meisten Aspekte zu dem jeweils anderen haben, und auch, welche Planeten von A und B keine Aspekte zu dem jeweils anderen haben. Die Planeten, die viele Aspekte zu dem anderen haben, sind in der Beziehung wichtig und stehen im Vordergrund – die Planeten, die nur wenige oder keine Aspekte zu dem anderen haben, stehen hingegen im Schatten und sind in der Beziehung unwichtig und werden daher wahrscheinlich zusammen mit anderen Menschen gelebt.

V 7. Weiteres Vorgehen

Wenn der Astrologe davon ausgeht, daß er durch seine Beratung das Problem von A und B lösen kann, wird er wahrscheinlich enttäuscht werden. Das heißt natürlich nicht, daß Partnerhoroskope sowieso wirkungslos sind, denn sie helfen auf jeden Fall, die Situation zu klären, den anderen besser zu verstehen und deutlicher zu sehen, welche Möglichkeiten A und B offenstehen.

Es kommt zwar auch vor, daß das Problem von A und B lediglich darin bestanden hat, daß A und B einander nicht verstanden haben, aber das kommt nur selten vor. In diesem Fall kann das Partnerhoroskop das Problem von A und B lösen.

Es ist recht wahrscheinlich, daß der Astrologe zusammen mit A und B nach einer Weile dazu kommt, die grundlegenden Fragen zu stellen: Was wollt ihr voneinander? Warum seid ihr zusammen? Warum wollt ihr heiraten? Warum habt ihr eine gemeinsame Firma gegründet? usw.

Dabei kann der Astrologe durchaus helfen, die Antworten auf diese Fragen zu formulieren, denn immerhin hat er ja schon – mit Unterstützung durch A und B – die Haupt-Lebensthemen von A und B herausgearbeitet und deutlich gemacht.

Diese Grundsatzfragen bringen möglicherweise eine wesentlich tiefere Klarheit in das Verhältnis zwischen A und B als diese beiden es bisher gekannt haben. Ob das dann zu einer effektiveren Zusammenarbeit oder zu einer Trennung führt, wird man dann sehen. Auf jeden Fall ist die Entscheidung dann deutlicher fundierter als sie es ohne dieses Partnerhoroskop gewesen wäre.

Der vorige Punkt kann sich unter Umständen zu einer Art Therapiegespräch ausweiten: Was sind die bisherigen Erfahrungen von A und B gewesen? Was haben A und B daraus gemacht? Welche Traumata haben sie? Welchen Lebensentwurf haben sie? Was sind ihre generellen Vorgehensweisen?

Vieles davon wird schon in der Deutung der beiden Geburtshoroskope und des Partnerhoroskops vorgekommen sein, aber möglicherwiese ist es sinnvoll, das alles noch einmal unter dem Gesichtspunkt solch konkreter Fragen zusammenzufassen und auf den Punkt zu bringen.

Es ist durchaus denkbar, daß es im Anschluß an das Partnerhoroskop bei A oder bei B das Bedürfnis gibt, noch einmal das eigene Geburtshoroskop zu betrachten.

In einem solchen Fall sollte man schauen, ob das besser zu dritt (Astrologe, A und B) oder nur zu zweit (Astrologe und A oder B) geschehen sollte.

Bei all diesen astrologischen Deutungen sollte sich der Astrologe auch seines eigenen Stiles und seiner eigenen Vorstellungen über Beziehungen im Klaren sein, um sie nicht in seine Beratung einzumischen. Natürlich ist das niemals vollständig möglich, aber es macht schon einen Unterschied, ob der Astrologe der Ansicht ist, daß nur die katholische Hochzeit einen Menschen glücklich machen kann, oder ob er die vielen verschiedenen Beziehungsformen kennt, die die Menschen auf der Erde im Laufe der Jahrtausende schon gelebt haben und daher A und B dazu anregen kann, einmal ganz offen zu schauen, was für sie eigentlich das Beste wäre.

Generell kann der Astrologe anhand der beiden Geburtshoroskope z.B. auch erkennen, daß er A am ehesten mit präzisen Definitionen weiterhelfen kann (der Merkur von A steht in der Jungfrau), während B eigentlich ein „astrologisches Märchen" braucht (der Merkur von B steht in den Fischen).

Wenn der Astrologe ganz gründlich ist, wird er vor dem Beginn der astrologischen Deutungen auch danach schauen, welche Aspekte er selber zu A und B hat. Dadurch kann er viele Mißverständnisse vermeiden.

Vielleicht ist es für den Astrologen notwendig, A die Dinge mit heftige Gefühlen und markanten Gesten zu erklären (der einzige Aspekt, der von den Planeten des Astrologen zu dem Merkur von A führt, ist ein Trigon von dem Mars des Astrologen zu dem Merkur von A).

Möglicherweise sollte der Astrologe, wenn er B etwas erklärt, ihm auch immer praktische Beweise mitliefern (der Merkur des Astrologen und der Saturn von B haben eine Konjunktion).

Wie unschwer zu erkennen ist, kann man mit der astrologischen Betrachtung eines Partnerhoroskops immer weiter ins Detail gehen – was jedoch nicht unbedingt notwendig ist.

Wie bereits gesagt, ist es vor allem wichtig, klar zu sehen, was A und B eigentlich von dem Astrologen wollen, und dann die Hauptthemen von A, von B und von ihrer Beziehung möglichst klar zu beschreiben.

Einmal davon abgesehen, daß der Astrologe bei der Deutung eines Partnerhoroskops natürlich auch die Gesprächsführung in seiner Hand haben sollte, hat die Deutung eines Partnerhoroskops auch immer eine ausgeprägte Eigendynamik, die sich vor allem aus dem Verhältnis zwischen A und B ergibt. Auf diese Dynamik sollte der Astrologe eingehen und lediglich versuchen, sie in einem konstruktiven Rahmen zu halten.

VI Die Kurz-Deutung

Im Folgenden wird eine Kurz-Deutung mithilfe dieser bereits früher in diesem Buch angeführten Aspekt-Übersicht dargestellt.

Planet	A	Vergleich A-B	B	Planet
Mond	29°47' (Steinbock)	**I** Aspekte	17°34' (Stier)	Mond
Merkur	24°29' (Krebs)		23°53' (Krebs)	Merkur
Venus	25°54' (Löwe)	Neptun – Neptun: Konjunktion 0° 6' Mond – Mars: Quadrat 0° 12'	28°23' (Zwillinge)	Venus
Sonne	13°38' (Löwe	Jupiter – Merkur: Quincunx 0° 13' Merkur – Merkur: Konjunktion 0° 36'	29°01' (Zwillinge)	Sonne
Mars	2°36' (Zwillinge)	Mond – Sonne: Quincunx 0° 46'	29°59' (Widder)	Mars
Jupiter	24°06' (Schütze)	Mond – Jupiter: Halbsextil 1° 6' Pluto – Pluto: Konjunktion 1° 12'	28°41' (Schütze)	Jupiter
Saturn	13°05' (Steinbock)	Mars – Pluto: Quadrat 1° 18'	16°20' (Steinbock)	Saturn
Uranus	20°54' (Löwe)	Mond – Venus: Quincunx 1° 24' Pluto – Neptun: Sextil 1° 27'	18°18' (Löwe)	Uranus
Neptun	6°27' (Skorpion)	Venus – Merkur: Halbsextil 2° 1'	6°33' (Skorpion)	Neptun
Pluto	5°06' (Jungfrau)	Venus – Venus: Sextil 2° 29' Uranus – Uranus: Konjunktion 2° 36	3°54' (Jungfrau)	Pluto
Aszendent: Löwe		Mars – Mars: Sextil 2° 37' Venus – Jupiter: Trigon 2° 55'	Aszendent: Jungfrau	
1. Haus: Sonne, Uranus		Uranus – Merkur: Halbsextil 2° 59'	1. Haus: -	
nur Kooperation: Pluto (3/0) Neptun (2/0) Merkur (1/0)		Venus – Sonne: Sextil 3° 7' Uranus – Mond: Quadrat 3° 20' Neptun – Pluto: Sextil 3° 41'	nur Kooperation: Neptun (2/0) Uranus (1/0)	
		II Aspekte zwischen gleichen Planeten: Merkur – Merkur: Konjunktion 0° 36' Venus – Venus: Sextil 2° 29' Mars – Mars: Sextil 2° 37'	nur Unterscheidung: Mond (0/1)	
nur Unterscheidung: Mond (0/4) Jupiter (0/1)			beides: Pluto (2/1) Venus (1/1)	
beides: Venus (3/1) Mars (1/1) Uranus (1/2)		dazu die Generations-Aspekte: Neptun – Neptun: Konjunktion 0° 6' Pluto – Pluto: Konjunktion 1° 12' Uranus – Uranus: Konjunktion 2° 36'	Sonne (1/1) Mars (1/1) Jupiter (1/1) Merkur (1/3)	
kein Kontakt: Sonne (0/0) Saturn (0/0)		**III** Planeten ohne Aspekte zum anderen Sonne A, Saturn A, Saturn B beide haben keine Saturn-Kontakte	kein Kontakt: Saturn (0/0)	

Eine solche Kurz-Deutung sollte nur als erster Überblick verwendet werden und nicht als vollständiges Partnerhoroskop. Sie kann zumindestens dem Astrologen schon einmal grob zeigen, was die Themen in der Beziehung zwischen A und B sind.

Die Aspekt-Übersicht auf der vorigen Seite bezieht sich auf eine real existierende Beziehung zwischen zwei Personen.

- A will als <u>Doppel-Löwe</u> (Sternzeichen, Aszendent) die Dinge genau so haben, wie sie es will – und das wegen der Sonne und dem Uranus im 1. Haus auch stets mit ganzem Willen (Sonne) und sehr spontan und impulsiv (Uranus).

- B ist als <u>Zwilling mit Jungfrau-Aszendent</u> eher der „perfektionistische Hüpfer".

Wenn man sich die einzelnen Planeten-Aspekte anschaut, ergibt sich das folgende Bild:

- <u>Mond</u>: A sucht aufgrund der 4 trennenden Mond-Aspekte endlos (und erfolglos) nach der Nähe zu B.
B findet ebenfalls keine Nähe zu A, auch wenn sein Mond nur einen trennenden Aspekt zu B hat.

- <u>Merkur</u>: Der Merkur von A hat einen verbindenden Aspekt zu B und versucht folglich mit B zu reden.
Der Merkur von B hat zwar auch einen verbindenden Aspekt zu A, aber auch drei trennende Aspekte zu A und wird sich folglich ständig von A mißverstanden fühlen, A unsinniges Gerede vorwerfen und A evtl. sogar beschimpfen. Hier ist Streit, der von B ausgeht, sehr wahrscheinlich.

- <u>Venus</u>: Die Venus von A hat drei verbindende Aspekte und einen trennenden Aspekt zu den Planeten von B und ist folglich in B verliebt, aber hat auch Probleme mit B.
Bei B sind die Gefühle gemischt: ein verbindender und ein trennender Aspekt.

- <u>Sonne</u>: Da die Sonne von A keine Aspekte zu den Planeten von B hat, fühlt sich A von B nicht gesehen und nicht in ihrem eigenen Wesen angenommen und wertgeschätzt – was vermutlich auch der Realität entspricht.
Die Sonne von B hat einen verbindenden und einen trennenden Aspekt zu den Planeten von A, was bedeutet, daß B sich manchmal von A angenommen, aber genauso oft auch abgelehnt fühlt.

- <u>Mars</u>: Sowohl der Mars von A als auch der Mars von B haben je einen verbindenden als auch einen trennenden Aspekt. Das gemeinsame Handeln und die Sexualität sind folglich eine Sache, die mal so und mal so ist – und die im Allgemeinen aufgrund ihrer Unberechenbarkeit eher schwierig ist.

- <u>Jupiter</u>: Gemeinsame Projekte, die A initiiert hat, kommen so gut wie nie vor, da der Jupiter von A nur einen trennenden Aspekt zu den Planeten von B hat – was dazu führt, daß B so gut wie alle Vorschläge von A ablehnt.

Bei B ist das gemischt: ein verbindender und ein trennender Aspekt.

Das bedeutet, daß die beiden – was Projekte betrifft – sich entweder streiten oder tun, was B will. Möglicherweise wird A – um doch noch ein bißchen „imaginierte Nähe" zu erleben – B ziemlich häufig „dienen".

- <u>Saturn</u>: Beide Saturne haben keinen Aspekt zu den Planeten des anderen, was bedeutet, daß sich A und B gegenseitig keinen Halt geben können und daß die Lebenserfahrungen des anderen für beide immer etwas Fremdes bleiben.

- <u>Uranus</u>: Die Spontanität von A (Uranus), kommt oft nicht gut bei B an, weil der Uranus zwar einen verbindenden Aspekt zu den Planeten von B hat, aber auch zwei trennende Aspekte.

Die plötzlichen Ideen von B werden hingegen – da sein Uranus nur einen verbindenden Aspekt zu den Planeten von A hat, von A meistens angenommen.

- <u>Neptun</u>: Die beiden verbindenden Aspekte, die beide Neptune zu den Planeten des anderen haben, sind zwar ein Generationsaspekt, aber sie zeigen, daß Kunst, Spiritualität, Ökologie, Sozialengagement u.ä. für A und B ein verbindendes Thema sein könnten. Allerdings zeigen die Aspekte der anderen Planeten, daß eine Zusammenarbeit in diesen Bereichen zwischen A und B ziemlich unwahrscheinlich ist.

- <u>Pluto</u>: Die Pluto-Aspekte zeigen, daß für beide der jeweils andere sehr wichtig ist – der Pluto von A hat zwei verbindenden Aspekte zu den Planeten von B und B hat zwei verbindende und einen trennenden Aspekt zu den Planeten von A.

- <u>Insgesamt</u> gesehen gibt es 10 verbindende und 9 trennende Aspekte zwischen A und B – es ist also eine Beziehung mit in etwa gleich großem Zusammenhalt und Trennungsdrang.

Die Hauptthemen der Beziehung sind gemessen an der Genauigkeit der Aspekte, die Folgenden:

- Am genauesten (0° 6') ist die <u>Neptun/Neptun-Konjunktion</u>, d.h. der Kontakt im Bereich von Kunst, Religion, Ökologie, Sozialengagement u.ä.

- Das <u>Quadrat zwischen dem Mond von A und dem Mars von B</u> (0° 12') zeigt, daß der Nähe-Wunsch von A mit dem Handeln und der Sexualität von B kollidiert: A fühlt sich durch die Aggression von B verletzt und B fühlt sich durch den Nähewunsch von A eingeengt. Das ist das Hauptproblem in dieser Beziehung, in der daher Nähe und Sexualität so gut wie garnicht vorkommen.

- Der <u>Jupiter von A hat ein sehr genaues Quincunx zu dem Merkur von B</u> (0° 13'). Das bedeutet, daß es für A extrem schwierig sein kann, die eigenen Ziele und Wünsche B verständlich zu machen oder gar zu einem gemeinsamen Projekt werden zu lassen. B fühlt sich durch die Lebenswünsche (Jupiter) von A eher gestört und findet sie oft unlogisch, nur halb durchdacht u.ä. Auf die Dauer gesehen und wenn man den blockierten Nähewunsch von A mitbedenkt, bedeutet das, daß B weitgehend bestimmt, was in der Beziehung gemeinsam gemacht wird – nämlich das, was B will.

- Die <u>Konjunktion der beiden Merkure</u> (0° 36') führt zu vielen Gesprächen bzw. Diskussionen zwischen den beiden und könnte auch ein gutes Verständnis zwischen den beiden ernöglichen. Das wäre jedoch nur dann der Fall, wenn beide die Sprache (Merkur) vor allem zur Verständigung und nicht vor allem zum Durchsetzen des eigenen Willens benutzen würden – was in dieser Beziehung leider nicht der Fall ist.

- Das <u>Quincunx des Mondes von A zu der Sonne von B</u> (0° 46') zeigt, daß A B bewundert und auch selber nach Anerkennung durch B sucht, und daß B bei A Geborgenheit sucht. Da dieser Aspekt jedoch ein Quincunx ist, ist das Thema Nähe/Anerkennung etwas, was niemals wirklich ganz zur Ruhe kommt, sondern immer wieder neu gegriffen werden muß.

Diese Kurz-Deutung zeigt, daß A und B wahrscheinlich ein eher schwieriges Verhältnis haben, das vor allem durch das sehr genaue Mond/Mars-Quadrat geprägt ist, das zusammmen mit den anderen Aspekten dazu führt, daß A Nähe bei B sucht und unter dessen Zurückweisungen leidet, und daß B bei A nach Sexualität sucht, zu der es jedoch kaum kommen wird, da B sich durch den Nähewunsch von A eingeengt fühlt. Dies ist offensichtlich eine eher schwierige Beziehung.

Wie schon gesagt, ist dies eine Kurz-Deutung, d.h. nur ein erster Überblick. Die detaillierte Deutung, die auf jeden einzelnen Aspekt und auch auf die Tierkreiszeichen und die astrologischen Häuser, eingeht, in der die an dem Aspekt beteiligten Planeten stehen, wäre sehr viel länger.

VII Alternativen zum Partnerhoroskop

Wie bereits am Anfang dieses Buches gesagt, kommen die Deutungen von Partner-horoskopen nicht allzuoft wirklich zustande, weil die Ratsuchenden meistens erst dann zu dem Astrologen kommen, wenn die Beziehung bereits in Flammen steht.

Wenn es offensichtlich ist, daß die Ratsuchenden keine Zeit mehr haben, auf die Deutung ihrer beiden Geburtshoroskope und dann des Partnerhoroskops zu warten, ist es unter Umständen hilfreich, wenn der Astrologe schnellere Methoden als Alternati-ve anzubieten hat.

Dies können das Legen von Tarotkarten, Traumreisen, Familienaufstellungen und ähnliches sein. Die Auswahl hängt hier davon ab, welche nicht-astrologischen Metho-den der Astrolge mit ausreichender Sicherheit anwenden kann.

Eine Möglichkeit ist es auch, daß der Astrologe – wenn er die Eile in dem vorlie-gende Fall sieht – die beiden Ratsuchenden zunächst einmal an jemand anderen über-weist, der ein Spezialist für eine „schnelle Methode" ist. Der Astrologe kann ja trotz-dem das Verfahren „zwei Geburtshoroskope und ein Partnerhoroskop" anbieten und es dann auch durchführen, wenn die beiden Ratsuchenden dann noch zusammen sind und noch immer Interesse daran haben.

Falls der Astrologe den Eindruck hat, daß einer der Ratsuchenden noch eine andere Methode brauchen könnte, um seinen Charakter gespiegelt zu bekommen, kann er ihm z.B. „16 Personalities" empfehlen, die man im Internet unter dem Suchbegriff „*https://www.16personalities.com/de*" finden kann.

Mithilfe von ca. zwei Dutzend Fragen erhält man dort eine treffende Charakter-beschreibung, die zwar nicht so grundlegend-zeitlos wie eine astrologische Beschrei-bung ist, sondern sich stärker auf den augenblicklichen Zustand bezieht, aber die Ähnlichkeit der Ergebnisse mit den Aussagen des Geburtshoroskops sind nicht zu übersehen.

Es ist manchmal auch hilfreich, diese Alternativen auch als Ergänzung zu einem Partnerhoroskop zu verwenden. Manchmal ist eine Tarotkarte, die man als Erläute-rung zu einem bestimmten Aspekt im Partnerhoroskop gezogen hat, für die beiden Ratsuchenden aufgrund ihrer Bildhaftigkeit leichter erfaßbar als die Beschreibung des betreffenden astrologischen Aspektes.

Eine Familienaufstellung zu einem bestimmten astrologischen Aspekt stellt sogar die Möglichkeit bereit, den Konflikt in diesem Aspekt nicht nur zu verstehen, sondern ihn sogar (zumindestens teilweise) auch aufzulösen.

Das setzt natürlich voraus, daß der Astrologe auch Tarotkarten legen und Familien-aufstellungen leiten kann.

Bücher von Harry Eilenstein

- The Synthesis of Physics and Magic (192 p.) - Telepathy for Beginners (60 p.) - Telepathy for Advanced Learners (52 p.) - Telekinesis for Beginners (56 p.) - Life Force for Beginners (76 p.) - Kundalini for Beginners (104 p.) - Astral Projection for Beginners (60 p.) - Meditation for Beginners (60 p.) - Prophecy for Beginners (60 p.) - Ritual Magic for Beginners (64 p.) - Magic Chant for Beginners (108 p.) - Invocations for Beginners (52 p.) - Evocations for Beginners (62 p.) - Auto-Movement for Beginners (60 p.) - Elves for Beginners (56 p.) - Hypnosis for Beginners (56 p.) - Love Magic for Beginners (52 p.)	- Money Magic for Beginners (60 p.) - Magic Objects for Beginners (64 p.) - Shamanism for Beginners (52 p.) - Chakra-Magic for Beginners (148 p.) - Language of the Moon – for Beginners (128 p.) - Self Knowledge for Beginners (60 p.) - Da'ath-Magic for Beginners (64 p.) - Astrology for Beginners (112 p.) - Number Symbolism for Beginners (64 p.) - Mandalas for Beginners (76 p.) - Crop Circles for Beginners (344 p.) - Feng Shui for Beginners (96 p.) - Magic Research for Beginners (140 p.) - Magic for Beginners – Anthology I (636 p.) - Magic for Beginners – Anthology II (616 p.) - Magic for Beginners – Anthology III (684 p.) - Magic for Beginners – Anthology IV (580 p.)

Religion allgemein
- Die sieben Schritte des Lebens (428 S.)
- Muttergöttin und Schamanen (168 S.)
- Totempfähle (440 S.)
- Der Urriese (168 S.)

Jungsteinzeit
- Göbekli Tepe (472 S.)
- Die Göttin von Göbekli Tepe (144 S.)
- Die Rituale von Göbekli Tepe (112 S.)

Ägypten
- Hathor und Re 1: Götter und Mythen im Alten Ägypten (432 S.)
- Hathor und Re 2: Die altägyptische Religion – Ursprünge, Kult und Magie (396 S.)
- Isis (508 S.)
- Ma'at (200 S.)

Christentum
- Christus (60 S.)
- Die Biographie des Teufels (144 S.)

Indogermanen
- Die Entwicklung der indogermanischen Religionen (700 S.)
- Wurzeln und Zweige der indogermanischen Religion (224 S.)

Griechen
- Pan (336 S.)
- Poseidon (668 S.)

Inder
- Dakini (80 S.)
- Vajra (76 S.)

Germanen
- Die Götter der Germanen (87 Bände – siehe nächste Seite)
- Odin (300 S.)

Kelten
- Cernunnos (690 S.)
- Taliesin (228 S.)
- Der Kessel von Gundestrup (220 S.)
- Der Chiemsee-Kessel (76)

Psychologie
- Über die Freude (100 S.)
- Das Geheimnis des inneren Friedens (252 S.)
- Das Beziehungsmandala (52 S.)
- Gefühle und ihre Verwandlungen (404 S.)
- einsgerichtet (140 S.)
- Liebe und Eigenständigkeit (216 S.)
- Von innerer Fülle zu äußerem Gedeihen (52 S.)
- Kreative Hochzeits-Rituale (56 S.)

Heilung
- Die Symbolik der Krankheiten (76 S.)

Kunst
- Herz des Tanzes – Tanz des Herzens (160 S.)
- Die Wurzeln der Kunst (60 S.)
- Wege zur Musik-Improvisation (32 S.)

Drama
- König Athelstan (104 S.)

„Magie für Anfänger"	„Traumreisen"
- Telepathie für Anfänger (60 S.)	- Traumreisen zu Heilpflanzen (700 S.)
- Telepathie für Fortgeschrittene (52 S.)	- Traumreisen zum kabbalistischen Lebensbaum (132 S.)
- Telekinese für Anfänger (52 S.)	**Magie**
- Analogien für Anfänger (56 S.)	- Handbuch für Zauberlehrlinge (408 S.)
- Omen und Orakel für Anfänger (52 S.)	- Wie man das Pentagramm-Ritual zum Leben
- Lebenskraft für Anfänger (60 S.)	erweckt (308 S.)
- Meditation für Anfänger (56 S.)	- Tarot (104 S.)
- Kundalini für Anfänger (100 S.)	- Physik und Magie (184 S.)
- Hypnose für Anfänger (56 S.)	- Die Synthese von Physik und Magie (200S.)
- Kampfmagie für Anfänger (172 S.)	- Die Magie-Formel (156 S.)
- Auto-Movement für Anfänger (56 S.)	- Schwarze Löcher in der Magie (56 S.)
- Chakra-Magie für Anfänger (148 S.)	- Krafttiere – Tiergöttinnen – Tiertänze (112 S.)
- Astralreisen für Anfänger (56 S.)	- Schwitzhütten (524 S.)
- Astrologie für Anfänger (120 S.)	- Mythen und Magie der Harfe (116 S.)
- Astrologische Quadrate für Fortgeschrittene (72 S.)	- Drei Adeptus Major Rituale (192 S.)
- Partnerhoroskope für Anfänger (100 S.)	- Drei Adeptus Exemptus Rituale (120 S.)
- Silberschnüre für Anfänger (52 S.)	- Zwei Infans Abyssi Rituale (128 S.)
- Zaubersprüche für Anfänger (60 S.)	- Die Magie der Propheten Elias und Elisa (96 S.)
- Ritual-Magie für Anfänger (56 S.)	**Meditation**
- Mandalas für Anfänger (68 S.)	- Der Lebenskraftkörper (230 S.)
- Geldzauber für Anfänger (56 S.)	- Die Chakren (100 S.)
- Liebeszauber für Anfänger (52 S.)	- Das Chakren-System mit den Nebenchakren (296 S.)
- Invokationen für Anfänger (52 S.)	- Organe und Chakren (64 S.)
- Evokationen für Anfänger (60 S.)	- Die platonischen Körper in den Chakren (156 S.)
- Geister für Anfänger (52 S.)	- Meditation (140 S.)
- Elfen für Anfänger (56 S.)	- Drachenfeuer (124 S.)
- Magie-Forschung für Anfänger (140 S.)	- Kundalini I (676 S.)
- Magie-Romantik für Anfänger (60 S.)	- Kundalini II (672 S.)
- Selbsterkenntnis für Anfänger (52 S.)	- Reinkarnation (156 S.)
- Einweihungen für Anfänger (60 S.)	- einsgerichtet (140 S.)
- Drogen-Kabbala für Anfänger (216 S.)	**Astrologie**
- Zahlensymbolik für Anfänger (60 S.)	- Astrologie (496 S.)
- Die Sprache des Mondes – für Anfänger (116 S.)	- Photo-Astrologie (428 S.)
- Zaubergesänge für Anfänger (100 S.)	- Die astrologischen Aspekte (88 S.)
- Zukunftschau für Anfänger (60 S.)	- Horoskop und Seele (120 S.)
- Schamanismus für Anfänger (52 S.)	**Kabbala**
- Schwitzhütten für Anfänger (52 S.)	- Kursus der praktischen Kabbala (150 S.)
- Magische Gegenstände für Anfänger (68 S.)	- Eltern der Erde (450 S.)
- Übertragungen für Anfänger (68 S.)	- Blüten des Lebensbaumes:
- Zaubertränke für Anfänger (64 S.)	- Die Struktur des kabbalistischen
- Magie-Gesten für Anfänger (252 S.)	Lebensbaumes (370 S.)
- Da'ath-Magie für Anfänger (64 S.)	- Der kabbalistische Lebensbaum als
- Magie-Heilungen für Anfänger (68 S.)	Forschungshilfsmittel (580 S.)
- Kornkreise für Anfänger (348 S.)	- Der kabbalistische Lebensbaum als
- Feng Shui für Anfänger (96 S.)	spirituelle Landkarte (520 S.)
- Tao für Anfänger (112 S.)	- Logik und Wirkung der Analogie (700 S.)
- Magie für Anfänger – Sammelband I (696 S.)	
- Magie für Anfänger – Sammelband II (664 S.)	**Eilenstein, Frater V.D., Knecht, Büdenbender**
- Magie für Anfänger – Sammelband III (580 S.)	- Magie heute – Berichte aus der Praxis (288 S.)
- Magie für Anfänger – Sammelband IV (700 S.)	- Living Magic (261 p.)
- Magie für Anfänger – Sammelband V (676 S.)	
- Magie für Anfänger – Sammelband VI (640 S.)	**Büdenbender, Eilenstein**
	- Chaos, Alk und Magic (436 S.)

Die Themen der 87 Bände der Reihe „Die Götter der Germanen"